AF509049

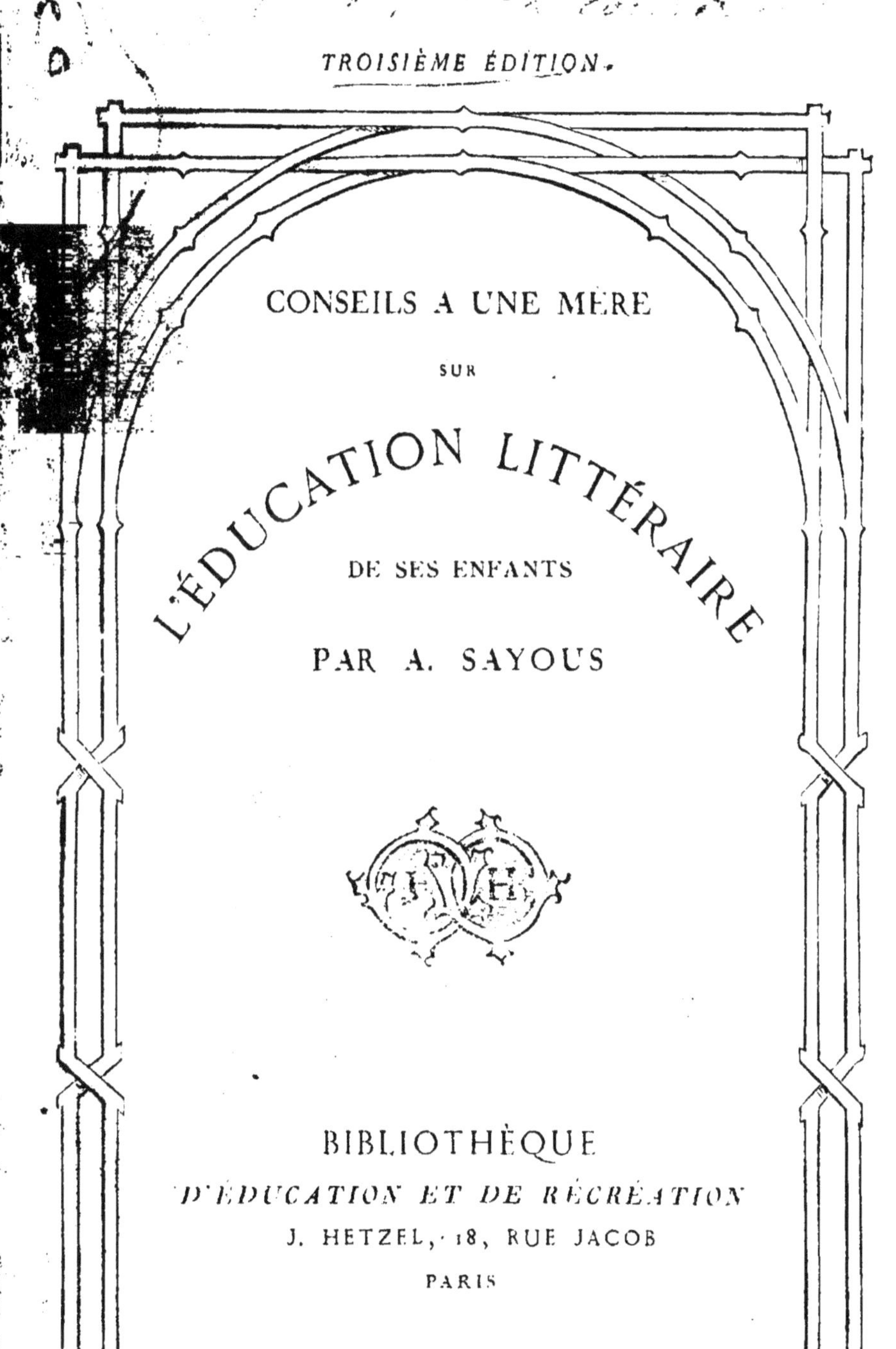
TROISIÈME ÉDITION.

CONSEILS A UNE MÈRE

SUR

L'ÉDUCATION LITTÉRAIRE

DE SES ENFANTS

PAR A. SAYOUS

BIBLIOTHÈQUE
D'ÉDUCATION ET DE RÉCRÉATION
J. HETZEL, 18, RUE JACOB
PARIS

CONSEILS

A UNE MÈRE

Paris. — Imprimé chez Jules Bonaventure,
55, quai des Grands-Augustins.

CONSEILS A UNE MÈRE

POUR

L'ÉDUCATION LITTÉRAIRE

DE SES ENFANTS

PAR A. SAYOUS

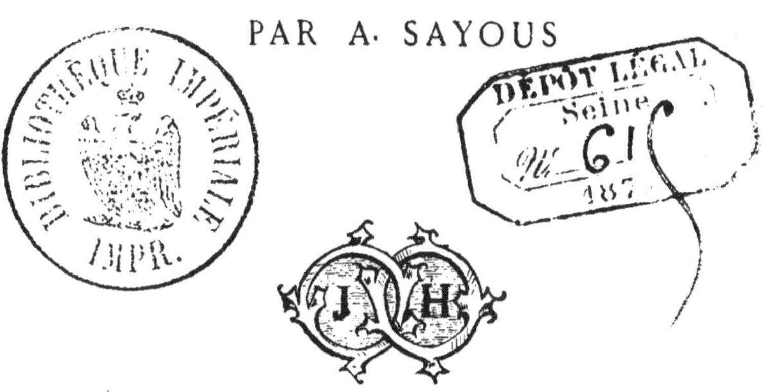

BIBLIOTHÈQUE

D'EDUCATION ET DE RÉCRÉATION

J. HETZEL, 18, RUE JACOB

PARIS

CONSEILS A UNE MÈRE

POUR

L'ÉDUCATION LITTÉRAIRE

DE SES ENFANTS

LETTRE DE MADAME ***

A L'AUTEUR

Monsieur,

Si vous êtes de loisir, cherchez dans vos souvenirs...
bien loin... plus loin... allez encore. Il y a dix-huit ans
de cela, et c'était tout juste l'âge que j'avais alors;
vous vous intéressiez à ce qu'il vous plaisait d'appeler mon bon sens, je crois même que vous vous ser-
viez d'un mot encore plus obligeant, et, lorsque je
partis pour retourner chez mon père, j'emportai la
promesse que vous ne m'oublieriez pas et qu'en tout
temps je pourrais recourir à votre amitié et à vos
conseils. Quelque chose me dit que vous n'avez pas
tout à fait perdu de vue mon humble destinée. Vous
savez alors que, mariée de mon choix et heureuse,

I

puis, en plein bonheur, frappée de la foudre, je me
suis trouvée à trente ans veuve et mère de deux fils
et de deux filles, sans un père, sans une mère pour
partager avec moi le soin de leur éducation. Ce que
vous ne savez pas peut-être, c'est que je me suis retirée
à la campagne, dans le fond d'une province ; que j'ai
gardé, que j'ai encore auprès de moi mes enfants.
La carrière de mes fils, toute tracée par la nécessité
de continuer les établissements de leur père, n'exi-
geait pas impérieusement la culture que donnent les
études classiques. Pour de jeunes garçons destinés
à être à moitié industriels, à moitié agriculteurs, le
peu de latin que notre curé était en état de leur apprendre pouvait suffire ; je me suis chargée du reste,
et je vous assure que j'ai trouvé une puissante consolation à rapprendre tout ce que j'avais à enseigner
à ma pauvre nichée. Je me suis remise vaillamment
à l'anglais, à l'allemand, à la géographie, à l'histoire, aux notions élémentaires des sciences physiques et naturelles dont j'avais suivi des cours à
G., où toutes ces choses sont d'éducation courante
pour les femmes. Le croiriez-vous, grâce sans doute
à un fonds de bonne humeur et de gaieté où je puise
sans scrupule, en remerciant Dieu qui m'en a pour-
vue, je me suis tirée de mes fonctions d'institutrice
officieuse, assez joliment pour que ma belle-sœur

et des voisins de campagne aient voulu absolument me confier leurs filles.

N'allez pas au moins vous figurer que mon salon soit devenu une salle de cours, et ma maison un lycée. Je n'ai pas le temps d'être maîtresse d'école plus de deux ou trois heures par jour; tous, maîtresse et élèves, nous sommes occupés une bonne partie de la journée les uns à la fabrique et aux champs, les autres dans le ménage et au jardin. Mais j'ai éprouvé la justesse de cette remarque de miss Edgeworth, que les meilleures leçons ne sont pas les plus longues, et qu'avec un quart d'heure d'attention on fait des merveilles.

Cependant, les petits poissons sont devenus grands, et je sens qu'un peu de culture littéraire commencerait à être de saison, surtout pour les aînées. Mes filles, auxquelles je dois penser avant tout, ne sont pas, comme leurs frères, attachées à tout jamais à la glèbe; une existence moins champêtre que celle que nous menons ici les attend peut-être; je laisse moi-même peu à peu le cercle de nos relations s'élargir; nous recevons plus de visites, quelques-unes vraiment intéressantes, et je ne veux pas que les gens de mérite que nous rencontrons par-ci par-là pensent que mes chères brebis sont de petits ours mal léchés, et mes fils de jeunes rustres qui ne seront jamais bons qu'à parler houille et engrais. J'aimerais donc bien frotter tout ce jeune monde d'un peu de belles-lettres, et leur apprendre avant tout à tenir convenablement une plume française, ce à quoi l'anglais et l'allemand que nous faisons ensemble ne les mène pas directement, je dois en convenir.

De prétentions littéraires, je n'en ai aucune. Un bon jugement, un peu de goût, quelque sensibilité pour les belles choses, et qu'enfin mes filles sachent dire et écrire ce qu'elles ont à dire, comme elles le comprennent, le pensent et le sentent, mon Dieu, je n'en demande pas davantage. Voilà à quoi se réduit ma petite ambition maternelle, et encore, pour ce peu, ne suis-je pas sans scrupule; je me demande si ce n'est pas beaucoup plus qu'il n'en faut à un sexe qui, n'ayant point en partage les grands soins virils d'ici-bas, n'a sans doute rien de mieux à faire que de cultiver les humbles vertus qui lui sont nécessaires, la modestie et la piété.

Vous voyez, cher monsieur, que mes petites idées ne me disposent pas à aller bien loin; mais pour aller jusque-là, je me trouve sans capacité et presque sans courage. Les livres que j'ai parcourus pour me diriger ne vont pas au but que je voudrais atteindre; s'ils y conduisent, c'est par des chemins qui ne finissent pas, et où l'on ne peut avancer que chaussé

convenablement de grec et de latin. J'ai bientôt vu
que les manuels les mieux faits seraient inutiles pour
une raisonneuse de mon espèce, qui a toujours eu
un faible immodeste pour les explications qui expli-
quent et les instructions qui instruisent, c'est-à-dire
qui font réfléchir. Alors, cher monsieur, dans mon
embarras, j'ai pensé à vous ; me rappelant l'horreur
comique que vous manifestiez jadis pour toute espèce
de pédanterie et de superstition dans les choses de
goût, il m'a pris une envie terrible de vous confier
ma détresse et de vous demander secours. Et voilà
comment, après dix-huit ans de silence, mais non
pas d'oubli, grâce à Dieu, j'ai l'effronterie de vous
rappeler une promesse que vous n'avez que trop le
droit d'avoir oubliée. Un peu de clémence, cher
monsieur, consacrez-moi la première heure de liberté
que vous laisseront vos travaux, et dites-moi, aussi
brièvement que vous le voudrez, par quel bout je
dois m'y prendre pour entamer l'éducation littéraire
de mes enfants, et recommencer la mienne, dont j'ai
grand besoin...

LETTRE PREMIÈRE

SERVANT DE RÉPONSE ET D'INTRODUCTION

Humbles vœux très-ambitieux.—Bonnes raisons pour n'en
rien rabattre.—L'éducation littéraire, superflu nécessaire,
à quoi et pour quoi ?—La culture de l'intelligence par les
sciences et par la littérature.—Ce qu'il y a au fond de la
bonne conversation française.—Des pédantes et des bas-
bleus et du pot au feu.—Scrupule d'une maman.—Du bon
style et du talent.—Promesse.—De quelles autorités l'auteur appuiera ses conseils.

Madame,

Lorsqu'on revient aussi gracieusement à ses vieux
amis, il n'est fâcherie qui tienne ; les amis véritables
pardonnent tout, même le long oubli. Mais, en conscience, je ne veux pas vous donner pour de la clémence le plaisir que m'a causé votre aimable appel
à des souvenirs qui m'étaient restés très-doux. Si,
moi aussi, je n'avais mes petites occupations qui,
pour n'être pas grandes, ne m'en tiennent pas moins
attaché au rivage, croyez-le, je serais allé passer à

M... quelques jours auprès de vous, et là nous aurions raisonné à l'aise de vos projets maternels. J'y ai regret, mais je dois me rabattre à une conversation par lettres. Ah ! par exemple, c'est ma condition et vous y souscrirez d'avance : point d'apprêt ni de solennité dans cet entretien familier ; sans préjudice des objections que vous m'adresserez, je devinerai celles que vous auriez faites ; je vous ferai parler, je vous répondrai et je me croirai revenu à ce bon temps d'autrefois, où nous causions de vos études à bâtons rompus et riant de bon cœur quand l'occasion s'en présentait. Mais avant de nous engager dans cette causerie, il faut que je sache si nous sommes bien d'accord sur certains points essentiels qui me paraissent flotter à l'état de nuages dans votre esprit.

Vous avez bien voulu, madame, m'assurer que vous êtes sans aucune prétention littéraire pour vos filles. Que leur intelligence soit raisonnablement cultivée, dites-vous, que leur jugement soit sain ; qu'elles aient le cœur et l'esprit sensibles aux belles et aux bonnes choses, vous n'en demandez pas davantage ; quant au style, vous n'y tenez pas du tout ; pourvu qu'elles expriment ce qu'elles ont à dire comme elles le comprennent et le sentent, vous serez contente. Et vous vous croyez modeste! Je vous en fais mon compliment. Mais, chère madame, écrire les choses comme on les comprend, comme on les pense, comme on les sent, pour peu qu'on ait son petit jugement à soi et si peu de vivacité que vous voudrez dans la manière de sentir, et vos élèves auront de tout cela ou elles ne sont pas vos filles, c'est avoir du style, c'est au moins avoir un style à soi. Et comme avant tout, pour se faire entendre des autres, il faut rendre clairement ses idées et les exprimer avec fidélité ; comme, en même temps, tout cela suppose une connaissance à la fois réfléchie et pratique de la langue, de son génie, de ses principes, de ses ressources, et qu'enfin cette connaissance ne peut guère s'acquérir que par celle des bons écrivains, vous voyez que vous êtes bien plus ambitieuse que vous ne pensiez l'être, semblable en cela à ce jeune homme de bien dont parle un de nos poëtes, qui voulait beaucoup et ne demandait rien.

Mon Dieu, oui, vos humbles désirs ne laissent pas que d'embrasser tout le champ d'une bonne éducation littéraire, rien que cela... Eh bien, et pourquoi pas ? allez-vous reculer ? Sur ma parole, vous auriez tort. Croyez bien que des jeunes filles, les plus heureusement douées, n'auront jamais, à beaucoup près, toute l'intelligence et le bon jugement, toute la délicatesse de sentiment qu'en bonne mère vous souhaitez pour les vôtres, si leurs facultés demeurent inoccupées

9.

et ne trouvent à s'aiguiser que sur des chiffons et
des commérages de société, ou même, car j'irai jusque-
là, restent enfermées dans le cercle restreint et peu
varié des occupations usuelles et des pratiques les
plus respectables de la vie domestique. Certes, ce
n'est pas moi qui appellerai jamais temps perdu celui
que la femme donne, en proportion de ses forces et
des nécessités de sa condition, aux soins de la famille ;
mais aussi les heures qu'elles peuvent consacrer à la
culture de leur intelligence, pourquoi les appelle-
rions-nous des heures perdues ? L'étude n'est pas si
jalouse qu'on le dit, et puis le souple génie des femmes
n'a-t-il pas le privilége de tout concilier sans effort?
Il me sera permis de le dire, ayant Fénelon pour moi,
les grâces se tiennent et celles de l'esprit et du cœur
ne répudient point les grâces plus frivoles de l'ajus-
tement. Même ces pauvres chiffons qu'on vous jette
si souvent à la tête, il n'y a vraiment à les proscrire
des entretiens que lorsqu'ils prétendent à la première place, prennent la parole à tout propos et la
gardent avec une obstination impertinente.

Quant à la piété, en quoi donc lui diminueriez-vous
sa part, comme vous semblez le craindre? Elle n'a
pas mission, que je sache, de détruire la partie la plus
élevée de notre être, elle se détruirait elle-même. Non,
il ne faut point séparer ce que Dieu a uni : nos facul-

tés sont un don de sa magnificence, nos idées sont divines, faisons valoir ce trésor. Assurément, plus d'un genre d'étude peut concourir à ce noble but dans l'éducation des femmes. Des notions d'histoire naturelle, de physique, un aperçu des lois de la création que le génie moderne a découvertes depuis trois siècles, peuvent fournir une saine nourriture à ces jeunes intelligences et leur ouvrir des horizons ; mais l'étude des lettres a cet avantage particulier de mettre en exercice toutes nos facultés à la fois ; elle les dresse, leur donne des forces, de l'activité, et leur fait du moins entrevoir de riches et charmants pays où les sciences positives n'ont jamais occasion d'entrer.

Bien dirigée, elle a pour premier et infaillible effet de développer l'esprit de réflexion sans lequel il n'y a ni véritable esprit, ni esprit de conduite. Je ne sache rien qui soit utile à l'agrément de la société, à la vertu elle-même, comme le bon sens éclairé ; car enfin le raisonnement du sage Chrysalde est fort judicieux.

> Comment voulez-vous, après tout, qu'une bête
> Puisse jamais savoir ce que c'est qu'être honnête ;
> Outre qu'il est assez ennuyeux, que je croi,
> D'avoir toute sa vie une bête avec soi.

Ne vous y trompez pas ; le plaisir même de la conversation, ce plaisir si cher aux Français, est fils de la réflexion. Remarquez que je ne parle pas de ces conversations méthodiques sur un sujet donné, de ces conversations pesantes qu'a décrites Mme de Duras, où l'on parle longuement, où l'on suit un raisonnement, où les arguments s'enchaînent; mais de ces conversations faciles et légères, telles que les salons de Paris en entendent souvent. Un mot prononcé fait partir une idée, éveille un souvenir qui en fait lever une autre à côté; le jeu est engagé, jeu charmant pour ceux qui jouent comme pour ceux qui ne sont qu'assistants en ces merveilles, jeu où les plus forts sont les plus souples, où tout paraît léger parce que tout vole, et où pourtant la réflexion, que personne ne voit, tient les cartes. Si vous y prenez garde, les bons, les vrais, les charmants causeurs sont toujours des hommes instruits que la réflexion a formés; les esprits sans solidité sont volontiers faibles, lourds et plats; les vides résonnent comme des échos qu'ils sont. Vous, chère madame, qui ne voulez pas faire de vos filles de simples échos, vous tirerez facilement la conséquence : à savoir que, pour l'agrément comme pour l'utilité, la culture de l'intelligence par les lettres et par la réflexion est un superflu passablement nécessaire.

Oh! je vois bien quelle crainte vous chiffonne : Si mes filles allaient devenir des bas-bleus, des raison-

neuses insupportables, des pédantes, hélas!—Hélas!
vous ne seriez pas la première femme de sens et
d'esprit que cette terreur aurait empêchée de donner
à ses filles la véritable éducation du jugement, celle
qui affermit le bon sens, le développe et l'embellit.
Il est trop vrai qu'on voit souvent ce genre d'instruction produire d'assez méchants fruits : les prétentions
déplacées, le dégoût des devoirs ordinaires et la pire
sottise, la sottise pédante et babillarde; mais ce n'est
pas à l'éducation littéraire qu'il faut s'en prendre, c'est
à la direction qu'on lui a donnée ou qu'on lui a laissé
prendre. Les femmes qui ont brillé avec le plus d'honneur pour leur sexe dans l'histoire de la sociabilité
française, par le naturel et les grâces de leur esprit,
le charme de leur commerce, étaient toutes des femmes cultivées. Savez-vous ce qui fait la pédante? c'est
une petite cervelle remplie à moitié d'un petit savoir.
C'est dans les têtes vides que la pédanterie se niche
de préférence. Là elle a de l'espace et, selon les circonstances, prend les formes les plus diverses, quelquefois les moins littéraires. Nous connaissons, vous
et moi, des pédantes de ménage, des pédantes de
toilette, des pédantes de bonne chère; de peur que
leurs filles ne devinssent des bas-bleus, leurs excellentes mères s'étaient soigneusement abstenues de
meubler leur intelligence au delà du strict nécessaire.

Plus instruites pourtant, ces pauvres ignorantes auraient mieux connu le vrai prix des choses, et n'auraient pas tiré vanité de si peu que leurs frivoles aptitudes.

Ai-je levé tous vos scrupules? Non... il vous en reste un, mais terrible. Je vous entends. Si mes filles allaient devenir auteurs! — Oh! pour le coup, voilà un souci qui ne doit pas vous empêcher de dormir. De la femme cultivée à la femme auteur, il y a la même distance qui sépare l'esprit tout seul du talent proprement dit. Le talent (j'entends celui que l'on a, non pas celui que l'on croit avoir) ne se donne pas, il naît avec nous, quand le bon Dieu le permet; l'éducation le développe, mais ne le fait pas naître. Et encore, pour se déployer jusqu'à produire une œuvre digne d'être offerte au public, lui faut-il une culture prolongée et autrement minutieuse que celle dont nous parlons, qui n'ira pas plus loin qu'à doter vos élèves d'un style sain et d'un esprit droit. Le bon style est de droit commun; le beau style est réservé au talent.

Êtes-vous rassurée? si vous l'êtes, si la tâche maintenant que vous la voyez telle qu'elle est, ne vous rebute pas, je mets à votre disposition ma petite expérience d'abord, mais surtout et avant tout l'expérience des maîtres. Oh! ne recommencez pas à trembler. Ce n'est pas d'Aristote, de Cicéron, de Quintilien, que je veux parler, mais des excellents écrivains penseurs et causeurs de notre littérature et de notre temps, qui ont dit en passant leur mot et jeté leur lumière sur ce métier d'écrire en français, dont ils connaissaient mieux que personne les difficultés et les ressources. Je m'effacerai le plus que je pourrai derrière l'autorité de leurs vues et de leurs conseils; mes lettres en seront plus utiles pour vous, plus amusantes pour moi, qui trouverai un plaisir nouveau à rassembler et à noter en passant les opinions de tant d'esprits distingués qui ont dit si bien ce qu'ils voulaient dire. Je n'attends que votre signal pour commencer.

LETTRE DEUXIÈME

Madame,

Va pour le bon style! avez-vous dit, c'est le signal que j'attendais ; mais vous ajoutez « et commencez par le commencement ; » or, ceci me gêne un peu parce que je vois bien que vous avez sur le sujet, dans un coin de votre esprit, des idées livresques, comme disait Montaigne ; qu'il vous faut absolument une méthode serrée, un commencement, un milieu et une fin, et que je serais bien embarrassé de vous dire, ne le sachant pas moi-même, où commence le bon style et où il finit. Tout ce que je puis vous affirmer, c'est qu'un bon style se compose de diverses choses très-élémentaires : de clarté, de pureté, de correction et d'autres qualités moins indispensables, fort désirables toutefois, comme l'élégance et le naturel, par exemple. Commençons, si vous le voulez, par l'indispensable, par la clarté qui est bien, en fait de style, le nécessaire du nécessaire, et causons. A vous, madame.

Qu'est-ce que la clarté ?—C'est la qualité de ce qui est clair. — Vous moquez-vous ? Me voilà bien avancée. — Mais aussi quelle nécessité d'avancer. Pourquoi demander ce que vous savez ? Toutes les définitions du monde ne vous en apprendraient pas plus sur la signification de ce mot, que l'idée toute simple que votre esprit en conçoit. C'est un de ces termes dont Pascal, qui ne se payait pas de mots, disait qu'il est inutile de les définir parce qu'ils désignent si naturellement les choses qu'ils signifient, que l'éclaircissement qu'on voudrait en faire apporterait plus d'obscurité que d'instruction. Ainsi, lorsque je vous dis, avec le bon sens, qu'il faut mettre de la clarté dans ce qu'on écrit, il n'y a pas deux manières d'entendre cela.

—Très bien, mais ce qui ne sera pas superflu, je pense, c'est de me dire un peu comment il faut s'y prendre pour écrire clairement.

—Il faut d'abord, et avant toute chose, avoir une idée claire de ce qu'on veut exprimer.

—Je sais :

Ce que l'on conçoit bien s'énonce clairement,
Et les mots pour le dire arrivent aisément.

—Si Boileau avait dit cela en prose, il aurait été sans doute moins absolu. Il est positif que toute idée claire peut être exprimée clairement, et il faut chercher cette expression jusqu'à ce qu'on l'ait trouvée, car elle existe ; mais, avec la permission du poëte, elle n'est pas toujours si facile à rencontrer, et personne ne le savait mieux que lui. Il est aisé, en revanche, de trouver des à peu près d'expression pour des à peu près d'idées. On l'a très-bien dit : « Quand on se contente de comprendre à demi, on se contente d'exprimer à demi, et alors on écrit facilement. » Ce n'est pas cette facilité-là dont Boileau a voulu parler et dont vous vous contenteriez, chère madame. Souvent l'expression juste, qui fait lumière, se présente d'elle-même pour rendre une pensée clairement conçue ; mais souvent aussi il faut la chercher, et en ce cas on ne doit pas se plaindre de la peine, car jamais elle n'est sans profit, ce genre d'effort produisant toujours et infailliblement, avec une plus grande clarté d'expression, une plus grande clarté de la pensée elle-même.

Soyez donc exigeante sur ce point si essentiel, ne permettez pas à vos filles, dans leurs petits travaux où la rédaction joue un rôle et pas même dans leur correspondance familière, les mots vagues et opaques, ce sera un moyen excellent de combattre chez elles la paresse d'esprit. Ne manquez pas de leur décocher en pareil cas ce petit raisonnement court et concluant : « Ou vous ne savez pas, ou vous ne dites pas ce que vous voulez dire, » et ajoutez quand le sujet le méritera, cette parole d'or : « Les mots, comme les verres, obscurcissent tout ce qu'ils n'aident pas à mieux voir. »

Profitons de ce conseil d'un homme que je citerai souvent, parce qu'il avait passé sa vie dans le monde le plus spirituel et le mieux disant à méditer sur ces délicats rapports de la pensée et de l'expression ; soignons les mots, mais d'abord choisissons-les bien. Si vous les prenez dans le meilleur de notre langue française avec l'acception que l'usage leur a consacrée, votre style sera *pur ;* si entre ces mots légitimes vous cherchez et réussissez à trouver ceux qui conviennent le plus exactement à l'idée que vous voulez rendre, on louera la *propriété* de vos expressions, de même que vous pourrez vous vanter d'avoir de la *correction* si, en écrivant, vous ne faites pas de fautes contre les règles de la langue. Je vous parle ici d'après les *Rhétoriques*. L'Académie française ne fait pas tant de distinctions. Correction et pureté sont même chose pour elle, à savoir l'exactitude dans le langage. En quoi consiste précisément cette exactitude, elle ne le dit pas. Toujours est-il que dans la langue courante des critiques, la *pureté* se rapporte au vocabulaire et la *correction* à la grammaire. La *propriété*, bien que se rapportant aussi au vocabulaire, est une qualité distincte dont, si vous le voulez bien, nous ne parlerons qu'après nous être occupés des deux autres, et je dois vous avertir qu'il y a long à dire sur leur compte, particulièrement sur la pureté du langage.

Veillez, disais-je tout à l'heure, à ce que vos élèves, en écrivant, usent des mots de la langue, de ceux que chacun entend aussitôt vus, parce qu'ils ont un sens net, connu et une physionomie franche. Veiller, me direz-vous, est fort bon, mais qu'est-ce qui me dira qu'un mot est de la langue et qu'un autre n'en est pas?

—Le dictionnaire de l'Académie française !

—Et Boiste, Lemare, Landais, Bescherelle?

—Ce sont des grammairiens savants, curieux et laborieux, mais ils n'ont pas d'autre autorité que celle qu'ils se sont adjugée en appelant leurs recueils

Dictionnaire de la langue française et celle aussi que leur donne le soin particulier avec lequel chacun a étendu ou restreint le choix fait par ses prédécesseurs ou confrères. L'Académie seule a une autorité légale.

—Comment légale? est-ce qu'il y a une loi en France qui oblige d'écrire et de parler français d'après le dictionnaire de l'Académie?

—Assurément non : chacun est parfaitement libre d'écrire en tel français qu'il voudra; c'est à ses risques et périls.

—Qu'est-ce donc que l'on risque?

—Mon Dieu! de parler et d'écrire en mauvais français, risque que l'on ne court point en prenant l'Académie française pour guide, parce que depuis plus de deux siècles que le cardinal de Richelieu chargea un beau jour l'Académie, qu'il venait de fonder, du soin de dresser le corps de la langue nationale, cette opinion utile s'est établie, que l'illustre société, composée en principe des auteurs les mieux écrivant et des gens du monde les mieux parlant, est en matière de langage français une autorité contre laquelle il n'y a pas à réclamer.

—Voilà ce que je ne savais pas. Ainsi l'Académie a pouvoir de faire et de défaire les mots de la langue que nous parlons, nous autres, de nous imposer ceux-ci, de nous interdire ceux-là.

—Oh! mais pas du tout! c'est nous autres qui avons ce pouvoir-là, et quand je dis nous autres, je veux dire tout le monde, et tout le monde signifie ici l'usage. L'usage, voilà le souverain de notre langue française; l'Académie ne fait que recueillir et enregistrer ses arrêts.

Telle est la théorie, mais elle ne s'est pas établie ainsi tout d'un coup. L'Académie, au début de l'entreprise que le cardinal lui mettait sur les bras, hésita et prit même une route tout autre. La première idée qui lui vint, idée alors prématurée, fut de chercher la langue dans les meilleurs auteurs, et, afin d'éviter les partialités et de rendre sa tâche moins épineuse pour sa courtoisie, d'entrée elle mit hors de cause tous les amours-propres vivants, en prenant le parti de limiter son choix aux ouvrages des auteurs morts. Ici nouvelle difficulté; parmi ces morts, il y avait des ligueurs, des incroyants, des hérétiques; il y avait notamment Calvin. L'Académie timorée rebroussa chemin, et, renonçant à l'autorité des auteurs, se rabattit sur l'usage.

—Nous y voilà enfin.

—Patience. Le Savoyard Vaugelas, qui n'était point un pédant, mais un homme d'esprit et de condition, chargé de préparer les cahiers du dictionnaire, appliqua à sa tâche les idées qu'il avait déjà développées dans ses *Remarques sur la langue française.* Il distingua entre ce qu'il appelait bon usage et l'usage commun. Pour les termes de profession et les choses de la vie habituelle, il ne pouvait guère prendre d'autre guide que l'usage commun; mais pour la langue littéraire, il n'admettait que le bon usage, et le bon usage n'était autre, selon lui, que l'usage de la cour et de la belle société de la capitale. Ce crible ne laissait passer ni mainte expression populaire ou sentant sa province, ni les mots vieillis, ni en général les mots mal sonnants dans le commerce de la cour et de la ville. Heureusement, ni la cour ni la ville n'étaient très-prudes alors, et on y vivait sur le fonds encore assez riche de la vieille langue. Un dictionnaire conçu sur ces principes n'en devait pas moins rejeter, avec beaucoup de paille, passablement de très-bon grain. C'est ce qui est arrivé. — Je ne veux pas vous faire ici l'histoire de notre moderne langue française, quoique cette histoire soit bien curieuse, et je me borne à vous dire que le travail de l'Académie, commencé au temps de Corneille et de Balzac, un peu avant les *Provinciales* de Pascal, mit un demi-siècle à s'achever, et parut en 1696, alors que le siècle de Louis XIV avait produit la plupart de ses chefs-d'œuvre, en sorte que la première édition du dictionnaire offre le corps de la langue française

à son plus beau moment, à son plus heureux point
de culture et de naturel réunis. Soit oubli, soit difficulté de s'entendre sur des mots contestés, soit
enfin répugnance outrée pour certaines expressions
d'un goût qui semblait populaire, tout n'y était
pas de ce qui aurait pu y être; mais l'Académie avait
retenu avec soin toutes les locutions figurées et foncièrement pittoresques qui font le caractère propre
de chaque idiome, et fixé cette foule de nuances délicates qui, empêchant les sens de se confondre les
uns dans les autres, contribuent tant à la netteté du
langage.

Depuis, l'Académie, toujours et tour à tour juge et
greffière de l'usage contemporain, ne cessa de revoir
son œuvre, effaçant des mots, en inscrivant d'autres, mais à cela près ne changeant rien au plan primitif du dictionnaire, continuant à ne pas citer les
auteurs, à ne pas donner les étymologies, ni la prononciation. La dernière édition est celle de 1835; ce
n'est encore qu'une révision; l'Académie y a admis
un assez bon nombre de mots qui s'étaient imposés
à la langue depuis la Révolution française et le re-
nouvellement de la littérature qui l'avait suivie de
près; mais elle a maintenu au recueil son caractère
original de dictionnaire de l'usage, et c'est encore
dans ses colonnes qu'il faut chercher le fonds tradi-

tionnel, le fonds excellent de la langue nationale. Aussi, madame, est-ce un devoir pour tout Français, fier de sa langue et de l'influence qu'elle a value à son pays, de déférer le plus possible à l'oracle et de le consulter toujours.

LETTRE TROISIÈME

Si je vous entends bien, hors du dictionnaire de
l'Académie, point de salut.—Madame, vous m'entendez mal. On ne vous demande pas une fidélité superstitieuse dont les membres de l'illustre çompagnie ne
se piquent point du tout pour leur compte particulier. L'un de ses plus élégants écrivains, et le plus
autorisé, son illustre secrétaire perpétuel, dans la
préface même de l'édition de 1835, ne s'est-il pas
servi d'un mot que l'on chercherait vainement dans
les colonnes du dictionnaire? J'ai toujours pensé que
le maître avait voulu, en passant, glisser un exemple
de ces libertés qu'il est bon de ne pas conseiller, mais

qu'il est sage de permettre. L'Académie l'y avait autorisé d'avance en écrivant solennellement dans son dictionnaire, à la lettre P, cette définition du puriste: *Puriste, celui ou celle qui affecte la pureté du langage, qui s'y attache trop scrupuleusement. Le puriste est voisin du pédant.*

Vous voyez donc bien que, sous peine d'être un puriste avec les inconvénients attachés à l'état, il est permis de ne pas suivre avec un scrupule extrême le célèbre dictionnaire. C'est l'Académie elle-même qui vous y invite. Ne lui sachez pas trop de gré de sa condescendance; elle sait bien que pendant qu'elle travaille à la lettre M, l'usage, de son côté, travaille à la lettre A, à la lettre B, détruisant un mot, en adoptant un autre; elle ne peut donc trouver mauvais que les citoyens français, sans attendre, pour mettre leur montre à l'heure, qu'elle ait réglé son horloge, risquent au besoin l'emploi d'un mot qu'elle admettra peut-être elle-même dans sa prochaine édition.

Pour ce genre de liberté, il faut prendre sa règle là où l'Académie prend la sienne, dans le bon sens : or, le bon sens dit qu'un mot n'est pas nécessairement mauvais ou nécessairement bon parce qu'il est nouveau; qu'il est suffisamment bon, s'il exprime clairement à l'esprit une chose, une idée ou une nuance d'idée qui n'avait pas encore d'expression équivalente dans le vocabulaire usité, car un mot nouveau qui ferait double emploi avec un mot en vigueur serait un mot inutile ;-qu'enfin une physionomie avenante et bien française doit lui servir de passe-port. Un écrivain soigneux a posé le principe : « Rejeter une expression qui ne blesse ni le son, ni le sens, ni le bon goût, ni la clarté, est un purisme ridicule, une pusillanimité. »

En revanche, inventer laborieusement et uniquement, pour la petite vanité de paraître neuf, un terme nouveau, déformer sans nécessité le terme consacré ou lui donner un sens qu'un autre mot avait avant lui, ce n'est pas là une liberté; c'est, pour dire les choses par leur nom, un attentat contre la langue.

Toute expression nouvelle, mauvaise ou bonne, s'appelle un néologisme ; l'abus de ces sortes de mots, l'affectation à en inventer de nouveaux, c'est le néologisme. Le purisme et le néologisme sont deux excès opposés qui tendent l'un et l'autre à ôter au langage son naturel et à l'appauvrir réellement. Le premier élague toutes les jeunes pousses de l'arbre, et dans la ferveur de ses scrupules, l'empêchant de s'étendre, le réduirait à n'être qu'un tronc rabougri ; l'autre travaille à dessécher des rameaux vivaces au profit de greffes qui ne prennent pas. De ces deux

2.

ennemis de la langue, le néologisme est de beaucoup le plus dangereux. Le purisme, assez rare et peu séduisant, n'empêche pas les mots nouveaux de faire fortune et de vivre quand ils le méritent; l'autre, au contraire, amuse, étonne, et, sous ombre de liberté, exerce doucement ses ravages.

Mais il est tout un ordre de néologismes qui mérite vos sympathies; ce sont ces mots que le temps, les caprices de la mode et de nouveaux venus avaient fait disparaître du vocabulaire usuel, et que l'on tâche de faire rentrer dans la circulation. Ces nouveautés là sont des *archaïsmes;* il ne faut pas plus en abuser que des autres : on tomberait dans *l'archaïsme,* que les dictionnaires définissent : l'affectation d'un auteur à faire usage d'expressions et de tours vieillis. Mais on ne peut qu'approuver les écrivains qui savent avec discrétion, et sans aucun air de recherche, rappeler à la vie ces bons vieux mots pleins d'accent, que l'on croirait avoir été livrés tout vifs à leur long sommeil, comme la Belle au Bois-Dormant, tant l'oubli semble les avoir rajeunis. M. Littré a pris sous sa protection, en les inscrivant dans son dictionnaire, accompagnés de citations où ils ont bon air, bien des archaïsmes qu'il contribuera à faire rentrer, selon sa juste expression, dans le trésor commun d'où ils étaient à tort sortis. Rien n'est plus vrai que cette parole de l'éminent philologue : « Une langue se gaspille, qui, sans raison, perd des mots bien faits et de bon aloi. »

Mais revenons aux néologismes proprement dits, auxquels le même savant, dans sa libéralité, a donné une hospitalité parfois trop empressée, comme pour laisser au dictionnaire de l'Académie sa vertu distinctive, qui est le choix sévère, le choix débattu.

Il est très-difficile de pronostiquer, à son apparition, le sort futur d'une expression nouvelle dont le temps seul se chargera de faire une pièce d'or ou un vieux sou. Bien des mots, dont nous nous servons tous les jours, ont été mal accueillis à leur naissance. Au commencement de ce siècle, les critiques invitaient madame de Staël à ne pas employer sans nécessité des mots tels que *inoffensif*, *indélicatesse*, *vulgarité*, et d'autres que vous auriez crus, comme ceux-là, de date ancienne. Il ne faut donc pas se récrier trop vite lorsqu'une expression nous étonne par sa nouveauté. On doit attendre, pour la juger, qu'elle ait perdu de son neuf, que sa couleur un peu criarde se soit adoucie, et jusque-là ne s'en servir qu'avec précaution.

Nous ne parlons ici que de ces néologismes qui disent assez, rien qu'à les voir, que néologismes ils sont et de fabrique d'auteur; mais il y a une façon courante d'innover à laquelle quiconque écrit est sujet, sans le vouloir ni le savoir. Elle consiste à forger un mot d'un mot déjà existant, par exemple un substantif d'un verbe, et réciproquement, comme avait fait le bon abbé de Saint-Pierre, lorsque de *bien faire* il créa *bienfaisance;* comme d'*angoisse,* il y a bien longtemps de cela, on avait forgé *angoisser,* depuis réputé non français par les puristes, qui n'avaient pas su le voir dans Bossuet (ce qui ne doit pas surprendre, étant gens qui généralement varient peu leurs lectures); ou lorsqu'on ajoute à un mot quelqu'une de ces particules dont la propriété est connue de chacun. C'est ce qu'a fait M. Villemain dans la préface du dictionnaire, lorsque, remarquant que dans l'immuable Orient une langue parvenue à sa perfection s'est *déconstruite* et altérée d'elle-même, il a compté avec raison que, sachant ce que *construire* signifie et que la particule *de* désigne l'idée d'écarter, d'ôter, nous comprendrions sans hésitation que cette langue s'était non pas détruite, mais avait peu à peu et pierre par pierre défait son propre édifice. C'est ainsi que *désabuser* a été formé d'*abuser,* qu'*éconduire* est né de *conduire;* et que, l'autre jour encore, un des plus célèbres écrivains de l'Académie employait au sens poétique *ressonger,* qui est d'aussi bonne création que *se ressouvenir,* né de *se souvenir.*

Ces divers procédés sont fort bons, pourvu qu'on

les applique avec profit et avec goût, et c'est à contrôler leurs produits que l'Académie est utile. Pour ce triage qui demande à être discuté, elle serait difficilement suppléée. Pourquoi n'a-t-elle pas voulu d'*activer*, qui est né un jour d'*actif*? C'est qu'on a donné à ce néologisme le sens de *hâter*, mot qui assurément suffisait ; *activer les arrivages*, en effet, ne vaut pas mieux que *hâter les arrivages*, il vaut moins. Elle a rejeté encore le sens nouveau que l'usage tend à donner au mot *animation*. C'est sans doute parce qu'*animation* ayant déjà deux sens, l'un chirurgical (*l'animation d'une plaie*), l'autre métaphysique (*l'animation de la matière*), lui en donner un troisième qui remplacerait mal des locutions très-bonnes, lui aura paru peu désirable. Il faut bien convenir ici qu'entre *parler avec animation* et *parler d'un ton animé, d'une voix animée*, le choix n'est pas douteux pour le goût. *Animation* est un terme abstrait et ce n'est pas de ceux-là que manque notre idiome [1].

Une liberté qui est de droit, c'est d'employer au sens absolu, en d'autres termes sans régime d'aucune espèce, les verbes soit actifs, soit neutres, dont un régime complète ordinairement le sens, tels que

---

[1] M. Littré a admis *activer* dans son Dictionnaire, en le donnant comme néologisme, et *animation* dans son sens nouveau, mais sans appuyer ni l'un ni l'autre mot du passe-port d'une citation.

chercher, vendre et *acheter*. On cherche quelqu'un, on vend ou on achète quelque chose : on n'en dira pas moins en bon français : *Chercher* n'était pas son fort; lorsqu'on ne sait ni *vendre* ni *acheter*, on n'est guère propre au commerce.

L'opération inverse est plus délicate ; car donner un régime à un verbe qu'on n'est pas habitué à en voir pourvu étonne, et, en fait de langage, il ne faut étonner qu'en plaisant. Un grand écrivain l'a fait avec une poétique hardiesse et un plein succès, quand il a osé dire : « Dormez votre sommeil, grands de la terre, » et le peuple est aussi hardi que lui dans cette expression : « *Elle a pleuré toutes les larmes de ses yeux.* » Mais ces exemples mêmes prouvent combien cette licence est insolite et périlleuse. De pareilles hardiesses, quand elles ne réussissent pas, sont de purs barbarismes et on se moque de l'écrivain.

Peut-on employer au pluriel les noms qui, désignant d'une manière absolue une qualité abstraite, ne se voient d'ordinaire qu'au singulier, *droiture* par exemple ? Oui, si l'on veut exprimer, au lieu de l'idée, l'application de cette idée, sa réalisation en des cas particuliers ; et c'est même un genre de néologisme, si néologisme il y a, de la meilleure espèce. Madame de Sévigné a dit très-bien sans y faire de façon : « Si j'avais l'hippogriffe à mon commande-

ment, je m'en irais causer avec vous de toutes les
farces qui se sont faites ici entre les Grignans et les
Fourbins, les ruses de ceux-ci, les *droitures* des
autres, » etc.

Un mot sur les emprunts faits aux autres langues.
Toutes les langues de l'Europe ont des dettes de ce
genre. Le latin, d'où le français est sorti, n'a pas
cessé d'être, et est encore pour nous, une bourse de
famille où nos écrivains ne se font pas scrupule de
puiser. Franciser un mot latin quand le besoin s'en
présente est bientôt fait et personne ne réclame, si le
mot emprunté n'exige pas, pour être entendu tout
de suite, le secours d'un dictionnaire latin. Dans ce
dernier cas, le mot ne prendrait pas, et c'est ce qui
est arrivé aux *frondaisons* de M. de Balzac. Le grec n'a
guère servi qu'à fabriquer nos nomenclatures scientifiques; quant aux langues modernes, il n'a pas
fallu moins que des événements historiques pour
leur donner accès dans notre vocabulaire; c'est
ainsi que l'invasion des races germaniques dans les
Gaules y a laissé sa trace, les vaincus employant
quelquefois avec peu de révérence le mot du vainqueur et faisant une *rosse* du noble cheval de bataille, *Ross,* des Allemands. C'est ainsi qu'au XVIe siècle l'alliance des Valois avec les Médicis, qui attira
beaucoup d'Italiens en France et italianisa quel-

temps le jargon de cour, mêla quelques mots de la langue italienne à la nôtre. Au xve siècle, les Anglais, qui envahirent les provinces françaises du nord, n'avaient guère apporté que les mots que leurs ancêtres normands avaient emportés avec eux lors de la conquête, et il en est de même de quelques expressions dont ils ont plus tard doté notre langue politique, telles que *budget*, qui est un vieux mot français signifiant petite bourse et venu lui-même jadis, du fond de l'Inde en compagnie de *gredin* (affamé), si l'on doit en croire des indianistes d'une haute autorité.

Aujourd'hui, on peut dire qu'une certaine part du vocabulaire industriel des Anglais s'est versée dans le nôtre. L'usage très-répandu de leur langue que tout le monde apprend un peu aujourd'hui, quelque affectation aussi à montrer que l'on sait son Angleterre sur le bout du doigt, et enfin la mode des bonnes anglaises, ont acclimaté chez nous plusieurs locutions d'outre-Manche, et tous les jours, dans la conversation, on en risque de nouvelles. Il n'y a pas grand mal à cela, pourvu qu'on ne se serve du mot anglais qu'à défaut d'un meilleur. Tout ce qui est grâce et naturel dans la conversation, est le mieux du monde, un terme anglais comme autre chose; mais n'affectons rien. Il est simplement ridicule de

s'écrier à la campagne, devant un joli point de vue :
« oh! le délicieux *prospect!* » quand on a sous la
main, *vue, site* et *paysage*.

En voilà bien assez, et afin de ne pas vous laisser
sous l'impression des libertés que, de l'aveu de l'Académie, il est permis de prendre avec son dictionnaire,
je vous renvoie à la recommandation qui terminait
ma dernière lettre : « Souvenez-vous que le respect
doit être la règle, les écarts l'exception. »

LETTRE QUATRIÈME

De la correction grammaticale.—Autorité des grammairiens.—Tyrannies utiles de la grammaire.—Du passé défini.—Comment le cousin de mon cousin Tupinières en abusait.—Des provincialismes parisiens et de quelques autres.—De la construction française.—Ses lois moins sévères que ses règlements.—L'inversion est de droit, en poésie.—D'un genre d'inversion très-usité dans la prose française de ce siècle.—De l'ellipse.—Qui se souciait peu de l'amphibologie?—De quoi il faut se soucier et sur quoi il faut se régler.

Pureté, correction de style, l'usage mêle tout cela, je vous l'ai dit et j'ai ajouté que l'Académie faisait comme l'usage; mais, à la *pointille* (un archaïsme que je risque en façon d'exemple), on distingue et l'on dit que la correction est à la phrase ce que la pureté est aux mots. Cette distinction, juste après tout, est commode pour l'enseignement, et je m'y conformerai pour ce que j'ai à vous dire de la correction.

Ici l'autorité nous manque, mais non pas les autorités. L'Académie française, qui à ses premiers pas eut des appétits de jeunesse, s'était promis de fixer la grammaire de la langue nationale quand elle aurait achevé d'en dresser le vocabulaire. Elle s'aperçut bientôt que ce serait assez pour son activité de mener à terme la tâche difficile qu'elle avait entreprise, et elle abandonna l'autre aux grammairiens, se contentant, pour sa part, du soin déjà assez délicat de régler occasionnellement, par les exemples du dictionnaire, les arrangements de mots à mots, d'indiquer de la même façon indirecte, et comme en passant, les rapports légitimes entre les diverses parties du discours. Aurait-elle pu faire beaucoup plus sans gêner les mouvements de la pensée elle-même? Tout ce qui tient à l'ordre des mots dans le discours répond si bien aux habitudes intellectuelles d'une nation, qu'à le bien prendre, ces habitudes sont toute sa grammaire. Les nombreuses grammaires françaises que l'on a faites depuis un siècle ne servent, en réalité, qu'à enseigner l'orthographe aux écoliers et le mécanisme général de la langue aux étrangers. Il faut bien apprendre à ces derniers, par exemple à des Allemands, à des Anglais, la nuance qui distingue le passé de l'imparfait, pour marquer le temps où une action a eu lieu. Cette distinction, qui fait leur désespoir et dont bien peu parviennent à se rendre maîtres, n'embarrasserait pas un petit Français de six ans; l'habitude la lui a rendue familière.

Il y a un livre très-curieux qui s'appelle *la Grammaire des Grammaires*. L'auteur, M. Girault-Duvivier, y a réuni, sur tous les points d'orthographe et de grammaire, les opinions particulières des auteurs les plus autorisés. Ce recueil, tout rempli de raisonnements ingénieux, forts de logique et aboutissant toutefois à des conclusions opposées, prouve surabondamment que, subtil et nerveux, le génie grammatical de notre langue échappe aux mains qui le veulent lier; que c'est par la lecture des grands écrivains qu'on peut seulement en acquérir le tact, la connaissance délicate et sûre. On l'a dit du latin : *Aliud grammatice, aliud latine loqui*, ce que je traduirai ainsi, l'appliquant à notre idiome : autre chose est de s'exprimer en bon français, autre chose de parler selon la grammaire. On lit tous les jours du français détestable où la grammaire ne trouverait rien à reprendre, n'ayant point prévu les cas, de même qu'il y a de fort méchantes gens que le code pénal n'atteint point parce qu'ils n'ont pas commis de délits qualifiés; et d'autre part, maint grammairien froncerait le sourcil en entendant des gens du monde s'exprimer dans l'abandon de la causerie ou d'un commerce familier, en un langage plein de naturel, de grâce et déjà, à ce titre seul, le plus français du monde, mais d'une correction parfois peu rigoureuse. Si madame de Sévigné, au lieu de laisser sa plume voler, avait songé seulement à ce que diraient les grammairiens et les Philamintes de la ville, ses lettres auraient-elles cette légèreté et cette franchise d'allure, cette clarté de cristal qui nous ravit [1]?

Qu'on lise seulement, dans leur style non rajusté par des éditeurs timorés, ce que j'appellerai les œuvres familières du grand siècle (j'entends par là les mémoires et surtout les correspondances dont la curiosité de notre temps accroît chaque jour le trésor déjà si riche), en y trouvant à toutes les pages ce que l'on rencontre d'ailleurs assez fréquemment dans les œures plus soignées des bons écrivains du temps, des tours de phrase, des locutions, des procédés de syntaxe interdits sévèrement par la grammaire actuelle, on sera contraint d'avouer que, depuis deux siècles, l'esprit grammairien nous a fait du grand chemin de notre bonne langue française un parquet

[1] Je parle de celles qu'elle écrivait, non de celles que des éditeurs timides avaient données au public, soigneusement purgées des incorrections et des libertés de tout genre qu'on a commencé de leur restituer, à l'applaudissement universel des amis du naturel et de la simplicité, dans la nouvelle édition publiée par M. Ad. Régnier, d'après les manuscrits authentiques.

ciré, lustré, où l'on se mire, mais où l'on glisse et trébuche à chaque instant lorsqu'on y marche sans précaution. Je voudrais y voir madame de Sévigné, madame de Maintenon. — Eh! quoi, mesdames, avons-nous bien entendu? Comment dites-vous cela, madame la marquise? Répétez, s'il vous plaît.—« Ne croyez point que j'offense ce que j'aime par négliger ma santé. »—Et vous, madame de Maintenon?—« Un homme se vengeait d'un affront par se battre contre celui qui le lui avait fait. »—Juste ciel ! et à Saint-Cyr encore ! Mais *par,* indiquant la cause, le moyen, ne peut avoir pour régime qu'un substantif; vous deviez correctement vous servir du verbe au gérondif, et dire, vous, madame de Sévigné : *en négligeant ma santé ;* vous, madame de Maintenon, *en se battant.* —Ces dames auraient probablement répondu comme ce gentilhomme, dans les salons de Julie d'Angennes : « On ne sait comment parler céans! » Il est certain que si nos trisaïeules parlaient bien, c'était à moins de frais que leurs descendantes, et qu'aujourd'hui, si l'on veut imiter leur liberté, il faut du moins connaître la règle que l'on offense *par* dire ou en disant comme elles.

Aussi ne vous demanderai-je point, madame, de bannir la grammaire de l'étude de vos filles; elle a toujours cette grande utilité de faire réfléchir sur les choses de la langue. Et puis, il faut le reconnaître, les grammairiens de nos jours ne mettent plus la grammaire au-dessus du bon sens et savent fort bien en tirer parti pour l'éducation des jeunes intelligences. Peut-être même y a-t-il un léger excès de ce côté et vise-t-on un peu trop quelquefois à montrer le philosophe dans l'instituteur.

—Très-bien, monsieur, mais on n'est pas votre dupe; la façon légère dont vous parlez de cette pauvre grammaire n'est que pour vous dispenser de parler grammaire à votre tour; vous m'abandonnez.

—Pardon, mais je ne me suis point engagé à faire un cours de syntaxe; tout ce que je puis en conscience, c'est de reprendre mon rôle de conseiller et de vous dire comment je m'y prendrais, à votre place, pour exercer votre jeune monde à s'exprimer, plume en main, avec la correction convenable chez des jeunes personnes bien élevées. Vous êtes sûre maintenant que je ne leur ferai pas la tâche trop rebutante; je voudrais, au contraire, qu'elle leur parût intéressante, et elle le deviendra si, en cette partie de leurs études, comme dans toutes les autres, elles mettent du leur, et, peu à peu, découvrent elles-mêmes ce qu'il leur est bon de savoir.

A l'aide de quelles prépositions ou de quelles conjonctions un mot se lie à un autre mot, c'est là d'habitude une simple affaire de vocabulaire. Dès qu'il y a doute, et cela peut arriver, particulièrement pour les verbes dont le régime est un autre verbe à l'infinitif, tel que *commencer, empêcher, obliger*, alors vite au dictionnaire de l'Académie, qui est beaucoup plus large sur cet article que les grammaires, lesquelles lui reprochent bien à tort sa tolérance, qu'elles taxeraient volontiers d'anarchique.

Même conseil pour ces locutions composées assez nombreuses, qui sont le grand cheval de bataille des puristes. Faites vérifier, et si vos élèves trouvent dans le dictionnaire, ou viennent à rencontrer dans quelque bon auteur l'expression condamnée par ces messieurs, permettez-leur de rire.

L'usage, qui a l'air d'être si capricieux et l'est quelquefois, au fond, a sa philosophie ; ses décisions, en apparence les plus arbitraires, lui sont imposées d'ordinaire à lui-même par le génie de la langue, et c'est une raison de plus pour s'y soumettre de bonne grâce. Pourquoi sourire lorsque devant vous de très-honnêtes gens se plaisent à narrer au passé défini leurs faits et gestes de la journée ? C'est que le passé défini est le temps consacré à l'histoire ; or, à moins de révolution, l'histoire ne commence, même pour les Parisiens, qu'au bout du mois, ou tout au

3.

plus de la semaine. Les journalistes seuls, en leur qualité présumée de greffiers de l'histoire contemporaine, peuvent déroger à ce principe, qui est devenu une règle de goût, et encore ne se prévalent-ils guère de leur privilége. Vous lirez rarement aux *faits divers* d'un journal de Paris : un grave événement *arriva* la semaine dernière à X., mais un grave événement *est arrivé*. Si vos filles parlent à une amie d'une promenade qu'elles ont faite ou d'un incident de la veille, qu'elles ne disent donc pas : nous *partîmes* hier de bonne heure ; je *reçus* ta lettre il y a deux jours. Au reste, elles n'en seront guère tentées, je pense, quand elles auront lu le fameux récit du jeune touriste méridional dont madame Émile de Girardin s'amusait tant jadis dans ses *Lettres parisiennes*. Le voici : « Hier, nous visitâmes la manufacture des Gobelins.—Je ne l'ai jamais vue.—Quoi, vous ne vîtes jamais cette merveille, mais vous la vîtes cent fois.—Comme vous êtes paresseux! Vous n'eussiez jamais pu faire ce que nous fîmes jeudi dernier; oui, c'est bien jeudi dernier, nous montâmes sur la colonne Vendôme et le soir, vers quatre heures, nous remontâmes sur l'arc de triomphe de l'Étoile.—Mais vous grimpâtes horriblement ce jour-là!—Ah! nous eûmes un beau spectacle ! à l'arc de triomphe surtout; nous nous *y* plûmes tant que nous *y* restâmes une grande heure ; il n'en fut pas de même sur la colonne Vendôme, d'abord nous mîmes trop de temps pour y monter ; l'escalier n'est pas agréable, nous *dûmes* laisser nos dames en bas, et puis, arrivés en haut, mon cousin Tupinières, qui est toujours indisposé depuis qu'il est à Paris, fut pris de vertige et nous *dûmes* redescendre *tout à l'heure.* »

L'abus du passé défini n'est pas le seul provincialisme que la spirituelle moqueuse ait glissé dans ce dialogue ; vous avez remarqué : nous dûmes laisser nos *dames* en bas, nos *dames* pour nos femmes ; mais dans ce dernier cas, comme en plus d'un autre, vous connaissez bon nombre de Parisiens qui sont provinciaux. Votre *dame,* votre *demoiselle* sont des élégances aussi malheureuses que chères au citoyen de Paris, qui croirait être grossier s'il disait *votre femme, votre fille,* et préfère sa manière de dire comme plus courte et plus gracieuse. Je ne parle pas des raffinés de politesse qui disent avec M. Prudhomme : madame votre épouse. Et puisque nous sommes en train de chercher querelle aux Parisiens, par grâce, chère madame, empêchez vos filles de dire à leur exemple : *partir à la campagne, partir à Nancy, partir en voyage.* Cet usage tant soit peu vulgaire, qui gagne du terrain et s'est glissé parfois dans les grands journaux et les académies, est une négligence de la mauvaise espèce. Qu'en coûte-t-il donc de dire : *partir pour la campagne, partir pour un voyage, partir pour Nancy ?*

Si l'Ile-de-France a ses provincialismes qui ne sont pas d'un usage recommandable, jugez si le reste de la France a les siens. On a pour quelques provinces des glossaires bien faits et très-curieux de cette petite langue locale qui n'est pas le patois, qui est bien le français du pays et un français naturellement cher à ses enfants. Un trait leur est commun à tous, c'est que les trois quarts des locutions qui les. composent sont ou de vieilles locutions qui ont survécu à l'usage général, ou des expressions imitatives, des *onomatopées* singulièrement agréables aux oreilles qui les ont entendues dès l'enfance. Plusieurs sont si expressives et répondent si bien à l'idée particulière qu'elles expriment, qu'en vérité il y aurait quelque affectation, pour ne pas dire un peu de pédanterie, à ne pas s'en servir du tout dans le pays où elles ont droit de patrie; mais il faut les éviter dans le langage écrit, ou du moins ne les employer que par allusion et en les soulignant.

Cependant, il n'y a patriotisme qui tienne : tout provincialisme qui n'est qu'altération de la bonne langue générale, confusion de mots, double emploi et incorrection gratuite, ne mérite point de quartier. Vous connaissez un pays où l'on dit et où, ce qui est

pire, l'on a écrit : « Il était inutile que *je cherchas.* »
« On a *depuis* cette montagne une vue magnifique. J'ai
tout vu *depuis* ma fenêtre. » Le premier est un affreux
barbarisme, les autres sont une faute d'ignorance
qui donne à *depuis* un sens réservé à *de* et choque
très-fort les oreilles françaises.

Encore une fois, toutes les particularités de ce
genre, bien qu'elles intéressent la correction, relèvent plutôt du dictionnaire que de la grammaire
proprement dite. Le discours (entendez ce mot dans
son sens grammatical), la phrase, si vous l'aimez
mieux, se forme de deux éléments bien distincts : les
matériaux et la construction. Chaque idiome con-
struit la phrase selon ses moyens propres ; et comme
à force de forger on devient forgeron, après quelques
siècles de tâtonnements, de gauche et rustique qu'il
était dans ses agencements, il finit par y acquérir une
adresse consommée et emploie avec aisance toutes
les ressources dont il dispose. Alors la syntaxe est
fixée ; mais dès lors aussi ses moindres habiletés de
construction sont érigées en lois inviolables ; on lui
réglemente ses moindres mouvements. L'art d'user
canonicamente de ces procédés, de moyen devient but,
et l'écrivain qui se signale dans cet art est réputé *écrire
bien.* Tombons le moins possible dans ces méprises ;
ayons les règles en grande considération, mais sans

oublier qu'elles ne sont que des moyens d'aller au grand objet de l'art d'écrire, qui est de rendre le plus fidèlement et le plus clairement possible les choses, les faits, nos pénsées, nos sentiments, en un mot, tout ce que l'on veut exprimer.

L'ordre général des mots particuliers à la construction française est celui-ci : le sujet du verbe ouvre la marche, puis viennent le verbe et les compléments, chacun avec ses appartenances. On est convenu, je ne sais pas bien pourquoi, d'appeler cet ordre l'ordre logique par excellence ; toujours est-il que, maintes fois, la logique est laissée de côté, et que l'ordre est renversé sans que la raison réclame. L'inversion est, par exemple, de droit dans la langue poétique :

J'entends frémir du soir les insectes légers.

Aussi, apparaît-elle naturellement dans la prose que le sentiment poétique vient à animer : « Ainsi s'écoulaient, dit Rousseau se rappelant son séjour à l'île Saint-Pierre, ainsi s'écoulaient dans un délire continuel les journées les plus charmantes que jamais créature humaine ait passées. »

Il est un genre d'inversions pour lequel les prosateurs de notre siècle ont une prédilection singulière, c'est l'inversion qui consiste à faire précéder le sujet des circonstances qui l'accompagnent et le suivent,

de manière à tenir suspendue la curiosité du lecteur,
qu'on occupe ainsi du sujet avant de l'avoir nommé.
Le même écrivain a dit quelque part : « Les militaires
seuls, dédaignant tous les autres états, gardent sans
façon le ton du leur. » Il est à parier qu'aujourd'hui
le gros des prosateurs ne manquerait pas d'écrire :
« Dédaignant tous les autres états, seuls les militaires
gardent sans façon le ton du leur. »—Là où Bossuet
dit : « Mais le ministre lui-même, souvent éloigné de
la cour, au milieu de tant de conseils..., » un orateur
de nos jours aurait dit peut-être : « Mais souvent éloigné de la cour, le ministre, etc. »

Cette façon toute moderne de présenter les parties
diverses d'un sens complexe, les dépendances en
avant, répond sans doute à une manière nouvelle
aussi de se représenter les idées ; elle me paraît remonter à cette dernière partie du siècle précédent,
où l'on commença à agiter avec plus de véhémence
dans les livres et dans les assemblées académiques
les questions politiques ou sociales. On était séduit
par l'air de solennité oratoire que ce tour donnait à la
pensée. Buffon l'employait déjà volontiers ; Thomas
plus volontiers encore ; Mirabeau s'en servait assez
souvent, mais la suspension était courte et le sujet
ne se faisait pas attendre. On n'est plus si timide ou
si prudent ; on se laisse séduire par l'espèce de mou-

vement poétique et cadencé parfois que l'inversion imprime au discours; et cependant lecteur et auditeur se lassent plus vite qu'on ne pense de l'air d'apprêt que le style contracte par l'emploi trop fréquent de cette tournure inversive.

Ceci soit dit pour qu'on use avec discrétion de cette tournure, mais non pour la proscrire. Elle est un moyen précieux de variété pour le début des phrases successives; ainsi, elle permet à M. Cousin, racontant l'histoire de madame de Longueville, d'éloigner le retour des phrases commençant par le nom de son héroïne, et de dire par exemple : « Toujours indulgente, madame de Longueville..... » C'est là son plus réel avantage, mais, de même que l'emploi des épithètes, celui du participe placé avant le sujet perdrait de son mérite à être trop souvent répété.

Une autre ressource commune à la prose et à la poésie, et dont la vieille langue française faisait usage abondamment et sans scrupule, mais que les législateurs du français moderne ont si terriblement malmenée qu'elle n'ose presque plus se montrer, c'est l'ellipse. Franchissant des idées intermédiaires sans les exprimer, ai-je dit autrefois, ce procédé expéditif contribuait à donner à la langue française ce quelque chose de vif et de court qui était sans contredit une de ses grâces. Bannie peu à peu des livres, cette liberté est devenue négligence et finalement, de négligence, incorrection grossière ; au XVIIe siècle, elle avait tenu longtemps encore à la cour et à la ville dans les familiarités de la conversation et de la correspondance. Madame de Sévigné, madame de Maintenon ne se retranchent pas une ellipse quand la commodité y est, et la clarté aussi. Et Saint-Simon ! c'est son bien propre ; il en use et abuse. Voici d'abord madame de Sévigné : « Si une fin chrétienne doit consoler des chrétiens, on le doit être (on doit être consolé ou nous devons nous consoler) par l'assurance de son salut. » — « Cependant Gourville tâche de réparer la perte de Vatel, elle *le fut* — (pour *elle fut réparée*, qu'on lit dans les anciennes éditions).

« —Le P. Bourdaloue prêche ! Bon Dieu ! tout est au-dessous des louanges qu'il mérite. L'autre jour, notre abbé *y* eut un démêlé avec M. de Noyon qui lui dit... » *Y*, est-ce l'église ou le sermon de Bourdaloue ? C'est tout cela pour madame de Sévigné.

« —On a parlé de votre hardiesse ; M. de La Rochefoucauld a dit que vous aviez voulu paraître grave dans l'espérance que quelque charitable personne vous en empêcherait (vous empêcherait de l'être). »

Madame de Maintenon : « Je souhaite que vous n'oubliiez jamais la maxime qui dit que le plus grand plaisir est d'en pouvoir faire (*en* pour *du plaisir aux autres*). »

Saint-Simon, parlant du duc de Bourgogne qui consacra d'abord aux sciences abstraites un temps qu'il reconnut bientôt devoir à l'acquisition des connaissances nécessaires à son état et aux bienséances de son rang de prince destiné à régner, et appelé en attendant à tenir une cour, Saint-Simon trouve tout cela trop long, et supprimant liaisons et détails, il écrit : « Son goût... lui déroba d'abord un temps qu'il reconnut bientôt devoir à l'instruction des choses de son état et à la bienséance d'un *rang destiné à régner et à tenir*, en attendant, *une cour*. »

Loin d'autoriser de semblables libertés, la grammaire y a mis ordre par une réglementation serrée des pronoms et particulièrement des pronoms indéfinis, *en, où, y*, ces heureuses particules dont vous avez vu madame de Sévigné se servir sans façon. D'ordre de certains grammairiens, *en* ne peut plus se dire que des choses, et non des personnes. *Y*, loin d'être le pronom universel qu'il était encore lorsque Voltaire écrivait : « Quand vivrons-nous ensemble? car vous savez bien que nous y vivrons?» *Y*, ne peut plus correctement remplacer qu'un substantif précédé

de la préposition *dans* ou *à*. *Où* ne s'entend plus que
des lieux. Mais ce sont des sévérités auxquelles on
n'est point tenu de se soumettre. L'Académie elle-
même n'écrit-elle pas : « C'est un véritable ami, je
n'oublierai jamais les services que j'*en* ai reçus. »
Où, pour *dans lesquels* ou *auxquels*, est d'usage courant dans la bonne langue du xviiᵉ siècle. Les écrivains de Port-Royal ne disent pas autrement.

Pour une langue qui, comme le français, fait son
capital de la clarté, et redoute jusqu'aux apparences
d'une relation quelque peu équivoque entre les parties d'une phrase, il faut convenir que nos pronoms,
par le peu de variété de leurs formes, font payer
cher leurs services; les rapports douteux, les confu-
sions de sens, l'*amphibologie* ou l'incertitude entre
les deux sens, marchent à la suite de ces malheureux
il, *ils*, *elle*, *elles*, *le*, *la*. Afin de prévenir toute obscurité de ce genre, on a proposé la règle qui oblige
de rapporter tous les pronoms employés dans une
même phrase à un même nom ou substantif qui y rem-
plisse un rôle grammatical essentiel, par exemple le
sujet du corps principal de la phrase. Le principe de
cette règle est aussi juste qu'utile, mais il ne faut
pas en faire une loi absolue. Lorsque l'emploi d'un
pronom ne produit pas d'amphibologie pour l'esprit,

il y aurait bien de la rigueur à l'écarter, lors même que ce pronom ne se rapporterait pas au sujet grammatical de la phrase principale. Il peut très-bien arriver d'ailleurs que le régime ait plus d'importance et frappe plus l'attention que le sujet. Madame de Sévigné ne laissait pas arrêter sa plume par des scrupules de cette espèce. « Madame de Sévigné, dit son dernier éditeur, M. Ad. Régnier, quand le sens ressort clairement de l'ensemble et de la suite de son récit, redoute fort peu les amphibologies et emploie les pronoms au lieu des noms avec la plus grande liberté. » Elle dit fort bien, en effet : « *Il* (Segrais) nous conta aussi qu'il venait de voir une mère de Normandie, qui, lui parlant d'un fils abbé qu'elle a, lui avait dit qu'*il* avait le dessein d'étudier, et qu'il commençait toujours à prêcher en attendant. Cet arrangement me fit rire. » Et en un autre endroit, parlant de Nicole : « Il nous met à un si haut point la paix et l'union avec le prochain, et nous conseille de l'acquérir aux dépens de tant de choses, qu'*il* n'y a pas moyen après cela d'être indifférent sur ce qu'*il* pense de nous. » Ce dernier *il*, c'est le prochain ; grammaticalement, *il* serait Nicole. Aussi le chevalier Perrin, cet ami de la famille de Grignan qui, pour l'honneur de la maison, se crut obligé de faire parler correctement madame de Sévigné dans le recueil des

lettres qu'il fut chargé de publier, lui a fait dire :
« sur ce *que le monde pense de nous,* » ce qui est très-
clair, mais n'est pas toute la pensée de madame de
Sévigné, le prochain et le monde étant ici deux idées
différentes. Aujourd'hui, toutefois, avec nos habitudes prises, on ne pourrait dire autrement que le
chevalier Perrin.

L'unique profit que je voudrais vous voir tirer de
ces rapprochements entre les exigences actuelles de
notre syntaxe et les facilités que des plumes d'élite
s'accordaient encore en plein siècle de Louis XIV,
c'est de prendre la correction grammaticale pour ce
qu'elle est, pour un moyen de plus d'être clair ; c'est
de l'observer sans timidité et de l'honorer sans superstition. Ce serait une superstition d'un autre genre de
vous faire mettre à genoux devant les tournures né-
gligées de madame de Sévigné et de vous recommander, par exemple, comme construction à prendre
pour modèle, cette phrase ou d'autres pareilles qui
lui échappent quelquefois : « Il n'a jamais été prié
ni pensé à remettre à autre qu'à vous, etc. » — « Il a
été à la campagne chez son frère qui a perdu son fils
aîné dont il est affligé. » — Cela rappelle trop : « Il en
avait de beaux, de couteaux, mon père, pendus à sa
ceinture. »

Pour me résumer, de bons livres écrits par de bons

écrivains et bien lus, voilà les vraies sources de la correction. C'est là, c'est par cette confrontation continuelle et insensible de la grammaire, de l'usage et des livres, que la mémoire et l'esprit de vos filles se pénétreront, sans y penser, des essences de la langue française. Il ne faut pas s'en tenir aux auteurs les plus sérieux, les plus officiels de notre littérature classique; il est bon, au contraire, d'entremêler cette lecture de celle d'ouvrages d'un style élégant à la fois et familier, tels que les lettres de madame de Sévigné, les *Conseils* et les *Conversations* de madame de Maintenon, un choix de lettres de Voltaire, de madame de Créqui, et, dans une langue qui est tout à fait la bonne langue familière de notre temps et de la société, la plupart des *Proverbes* de Th. Leclercq, tous genres d'écrits où le français a ses coudées plus franches, plus d'occasions de déployer sa souplesse et de prendre ses ébats.

Ainsi lisant, et rencontrant par-ci par-là des exceptions plus ou moins prononcées à la règle stricte, vos élèves comprendront qu'il y a dans notre langue plus de liberté qu'on ne pense, et quand une fois on a fait cette découverte, on est corrigé du purisme pour la vie. C'est déjà beaucoup de gagné; mais à cette manière d'étudier sa langue, on apprend encore beaucoup d'autres choses très-

essentielles, dont je vous parlerai dans mes prochai-
nes lettres[1].

[1] Je n'ai rien dit de la méthode des cacographies ou caco-
logies qui prétend enseigner la correction aux jeunes gens,
en les exerçant à corriger des phrases fautives. Rien n'est
plus facile à corriger que ces phrases rendues vicieuses à
bon escient et défigurées tout exprès. L'élève, averti d'avance
qu'il y a là une faute, la devine sans la chercher et habitue
d'ailleurs son esprit et ses yeux à ces mauvaises constructions. Il vaut bien mieux ne familiariser les yeux de l'élève
qu'avec des formes pures, avec des phrases correctes; car, en
fait de langage, l'habitude est la meilleure des institutrices.

LETTRE CINQUIÈME

Ce qui n'est pas clair n'est pas français, a dit, je crois, Voltaire. N'en concluons pas que ce qui est bien français est clair nécessairement. La conséquence serait fausse. En vain, pour dire ce que vous voulez dire, vous emploieriez les mots les plus purs et dans l'ordre le plus correct du monde ; si ces mots n'étaient pas ceux qui conviennent le mieux, qui répondent le plus justement au sens, un commencement d'obscurité couvrirait votre pensée aux yeux du lecteur. Bien entendu qu'il ne s'agit pas ici de cette foule de mots usuels qui n'ont, comme on l'a dit, qu'un demi-sens et ne sont bons qu'à circuler dans le parlage, comme les centimes dans le commerce. Nous supposons une pensée, un sentiment à exprimer, un objet à montrer tel qu'il est, un fait à retracer dans sa vérité et sa physionomie ; on ne réussira à rien de tout cela, si l'on n'a choisi les mots les mieux appropriés. Disons mieux, la propriété d'expression, qui n'est autre chose que ce choix heureux, ne concourt pas seulement à la clarté, elle cause à l'esprit une satisfaction singulière ; le juste accord entre les choses et l'expression produit, sans que nous nous en rendions compte, une harmonie qui nous charme ; nous aimons cette lumière qui nous met les objets dans leur vrai jour ; et si, de plus, les objets sont beaux, le plaisir est extrême, délicieux quelquefois.

—Si je comprends bien, chaque chose, chaque idée a son expression propre qui la rend dans sa plénitude ; il ne s'agit que de la trouver.

—Oh ! ce n'est pas tout à fait si simple que cela. La chose est bien ainsi que vous le dites, lorsqu'il ne s'agit que d'objets matériels qui n'ont qu'un nom ou de mots qui n'ont qu'un sens ; un cheval est un cheval, comme un chat est un chat, un nuage un nuage, un toit un toit, un lac un lac, et il en est de même encore pour certaines idées simples ; mais combien de nuances d'idées, de sentiments, d'actions qui n'ont pas dans la langue une expression prévue et consacrée d'avance ! Qu'est-ce que le plus riche vocabulaire imaginable auprès des innombrables combinaisons de la pensée ? S'il fallait qu'à chacune un mot fût consacré, la langue la plus riche serait toujours indigente. Aussi, n'est-ce pas dans le nombre des mots que gît la richesse d'un idiome, mais dans la richesse et la souplesse de son mécanisme. La langue la plus souple, c'est-à-dire la plus capable de se plier à l'expression des idées, est certainement la plus riche ou, si vous l'aimez mieux, la plus puissante. La nôtre est certainement une de celles-là. Elle est bien pauvre cependant, à compter les mots de son dictionnaire ; mais cette indigence ne l'a pas empêchée d'exercer une action prodigieuse sur les idées, et par là sur les événements du monde et les destinées de l'humanité. C'est Joseph de Maistre qui a dit quelque part dans ses lettres : « Il n'y a pas de petit grimaud de collége en Allemagne ou en Italie qui n'ait fait sa petite dissertation sur la *pauvreté de la langue française*; c'est comme si l'on écrivait sur la faiblesse d'un levier qui déracine des chênes. »

A quoi tient cette puissance du français? Je serais tenté de répondre : à sa gueuserie même qui l'a comme forcé de suppléer au nombre par l'industrie, et à se tirer d'affaire à force de souplesse. Les mots de son vocabulaire usuel sont peu nombreux, mais ils ont une foule d'acceptions, et selon la place qu'on leur donne et les alliances très-légitimes qu'ils peuvent contracter, ils deviennent susceptibles de nuances d'une délicatesse extrême et de sens nouveaux d'une énergie imprévue. Les Allemands et les Anglais possèdent dans leur vocabulaire une grande variété de mots pour rendre des impressions, des sentiments liés à leur sol, nés de leurs mœurs et du caractère national. Sans doute plusieurs de ces mots ou de leurs analogues nous manquent ; nous n'avons pas le *sweet home* des Anglais ni toutes les couleurs nuancées dont ils disposent pour rendre leurs doux paysages ; mais la langue française n'est pas pour cela impropre à peindre les spectacles de la nature, comme on le conclut à l'étranger de notre littérature classique, parce qu'elle est rarement pittoresque. Nos écrivains plus modernes, J. J. Rousseau, Bernardin de Saint-Pierre, M. de Chateaubriand et bien d'autres depuis, ont prouvé que notre langue a aussi des couleurs pour les tableaux de la nature, et que les grâces du paysage ne lui sont pas interdites.

Mais ce qui fait le français si riche au sein de sa gêne apparente est aussi ce qui en rend la possession si difficile. Tirer parti des mots, ne pas mêler leurs sens, saisir les nuances qui distinguent les plus rapprochées ou les plus près de se valoir, en

d'autres termes, observer la propriété d'expression
ne s'apprend pas sans exercice. Ici encore, les premiers maîtres en cet art délicat, ce sont les bons
écrivains de la langue; rien ne supplée aux leçons
que l'on tire insensiblement de leur connaissance un
peu familière. Vient ensuite le dictionnaire de l'Académie, dont, à vrai dire, c'est la principale, l'essentielle affaire, et qu'aucun autre ne peut remplacer
pour cet usage. On peut s'aider encore d'une étude
particulière des synonymes. Il en existe des recueils;
quelques-uns sont très-bons, celui de l'abbé Girard,
entre autres, remanié par M. Guizot; mais les plus
utiles sont ceux que l'on dresse soi-même. Les petites découvertes que l'on fait ainsi en personne
ont le double avantage d'exercer l'esprit et de se
fixer mieux dans la mémoire. Seulement, il ne faut
point commencer par des définitions qui ne vous apprendraient le plus souvent que ce que vous croyez
savoir; d'ailleurs les ressemblances ou les différences
entre mots analogues tiennent le plus souvent à la
place qu'on donne à ces mots, parmi d'autres mots,
et de là des combinaisons imprévues. Il vaut mieux
procéder par des essais, par des exemples, en plaçant
les mots dont on s'occupe, dans des phrases expri-
mant un sens réel. C'est alors, en les voyant dans
des attitudes variées et vivantes, que l'on se rend

utilement compte des usages analogues, mais non identiques, auxquels ces mots conviennent d'une façon plus particulière.

Il est encore un moyen de s'assurer du sens propre des mots, c'est de remonter à leur origine. Je ne vous en parle que pour mémoire; car ce moyen suppose non-seulement la connaissance du latin, de cette langue d'où la nôtre est sortie et à laquelle elle remonte perpétuellement, sinon quant à sa syntaxe, du moins quant à ses mots, mais une connaissance plus familière encore de notre littérature à tous ses âges.

—Voilà, allez-vous me dire, ce que je ne comprends pas. Quel besoin d'aller chercher si haut ce que nous avons sous la main? Puisque c'est l'usage qui est l'arbitre souverain de la langue française, a-t-on mieux à faire que de consulter ses décisions présentes?

—A quoi je réponds : « Oui, si l'usage, inaccessible aux caprices de la mode et incapable également de céder à la négligence des écrivains, ou aux vaines distinctions des grammaires, traitait les mots comme une monnaie d'une valeur invariable, dont le temps ne travaillerait pas de son côté à effacer plus ou moins l'empreinte et à dénaturer le type. Il doit être assurément permis à chacun d'employer les mots pour ce qu'ils ont été et ce qu'ils sont encore après tout, sous leur rouille ou sous les inscriptions nouvelles qui les recouvrent. Un louis d'or serait toujours un louis d'or quand même un caprice de l'usage se serait avisé d'en faire une pièce de vingt sous. Un maître judicieux l'a dit sans marchander : « Rendre aux mots leur sens physique et primitif, c'est les fourbir, les nettoyer, leur restituer leur clarté première ; c'est refondre cette monnaie et la remettre plus luisante dans la circulation. »

Ces rajeunissements ont parfois un petit air de néologismes qui inquiète d'abord les scrupules de la critique ; mais, une fois leurs titres vérifiés, il n'y a plus qu'à leur faire bon accueil. J'en dirai autant des acceptions réellement nouvelles qu'une locution peut recevoir d'un écrivain de génie par une heureuse alliance de mots. On a signalé avec raison un exemple de ces accroissements par combinaison, dans ces vers des *Harmonies* de M. de Lamartine :

> Ce furent ces forêts, ces ténèbres, cette onde,
> Et ces arbres *sans date* et ces rocs immortels.

On disait bien une *lettre* ou un *écrit sans date*, c'est-à-dire non daté. Et voilà que l'imagination du poëte, sans effort, donne à *sans date* le sens *d'immémorial* qu'il n'avait pas et qu'il ne perdra jamais.

Au surplus, ce sont là, en quelque sorte, les curiosités littéraires et philosophiques du sujet. Le propre du mot propre, c'est de saisir tout d'abord par sa justesse et sa précision ; il n'a qu'à se montrer ; frappé de son heureuse physionomie, le lecteur ne songe pas le moins du monde à lui demander ses titres de naturalité et d'origine, et il n'a guère à subir que l'interrogatoire de messieurs les critiques, en leur cabinet.

LETTRE SIXIÈME

Vive le mot propre! A vous entendre, il a de grands priviléges; il ne lui manque vraiment plus que d'être admis de droit en toute espèce de sujet et de style. Allez-vous jusque-là?—Sans doute, chère madame, et pour vous faire voir que votre question, légèrement captieuse, ne m'intimide pas, je vais la préciser dans ses termes les plus nets : « Un mot fa-« milier, vulgaire même, peut-il trouver place dans « un discours grave sans choquer? N'y a-t-il pas des « expressions absolument incompatibles avec un lan-« gage noble et élégant? » Vous me rendrez cette justice que je n'équivoque pas; je réponds de même sans détour ni réserve. Oui, le mot juste est bienvenu et a bonne mine, partout où la pensée qu'il exprime est admise par la raison et le bon goût. Si la pensée est noble et poétique, jamais mot juste, d'où qu'il vienne, ne l'avilira; jamais l'oreille ni l'esprit ne seront blessés et ne remarqueront sa présence avec surprise. Bossuet, Racine, nos écrivains les plus nobles, sans contestation, sont pleins de ces mots qui, pris à part, ont bien la physionomie la moins distinguée ou la moins poétique; cependant, lorsqu'on les rencontre, on n'est frappé que de la beauté combinée de la pensée et de l'expression. *Administration!* certes, s'il y avait dans notre langue un vocabulaire privilégié, voilà un mot qui n'y serait pas admis. *Administration!* quel parfum de bureaux exhale ce long substantif qui traîne si pesamment ses cinq syllabes! L'administration des douanes, l'administration des tabacs, des salpêtres!... C'est bien lui pourtant que voici dans ces nobles et touchantes paroles de l'évêque de Meaux, reportant sa pensée du grand Condé aux ouailles de son diocèse : « Heureux si, averti par ces cheveux blancs du compte que je dois rendre de mon administration, je réserve au troupeau que je dois nourrir de la parole de vie les restes d'une voix qui tombe et d'une ardeur qui s'éteint. » Bossuet a dit administration, parce que c'est bien d'administration, de l'administration de son diocèse qu'il entendait parler; c'est le mot de la chose. Vous semble-t-il qu'il fasse ombre et tache dans ce majestueux et poétique langage?

Remarquez encore en passant, je vous prie, ces *restes d'une voix qui tombe*. Cette expression, d'une mélancolie si vraie et si élevée, est un exemple de ce que j'appelle la souplesse de notre langue. Si chacun de ces mots avait son acception géométriquement déterminée, ils ne pourraient tenir ensemble; car enfin, qu'est-ce que les restes d'une voix, et qu'est-ce encore qu'une voix qui tombe? Pour tomber, il faut être un corps; or, une voix n'est pas un corps, ce qui fait aussi qu'elle ne peut avoir de restes. Tout cela est français pourtant, d'une clarté parfaite à l'esprit. De fait, on a toujours dit *un reste de voix, sa voix tombe à la fin des phrases.* Eh bien! c'est de ces expressions courantes et familières que Bossuet a fait ces magnifiques *restes d'une voix qui tombe.* Il semblerait vraiment que les mots renferment des sens cachés qui éclosent à l'appel des grands écrivains. Ce n'est pas cela pourtant; au contraire, la vérité est que, pour la langue française, c'est le peuple, ou si vous l'aimez mieux, tout le monde qui crée les mots; les écrivains viennent ensuite qui les façonnent à l'image de leur pensée.

Marmontel raconte dans ses *Mémoires* que, sur ce

sujet des mots nobles et des mots qui ne le sont pas, il avait de fréquentes discussions avec madame Necker, qui ne trouvait jamais les mots assez nobles pour le grand style littéraire. « Un jour, dit-il, je citais à madame Necker quelques expressions familières que je croyais pouvoir être reçues dans le style élevé, comme : *commencer à voir clair*; *prenez votre parti*; *pour bien faire, il faudrait*; *vois-tu*; *faisons mieux* (il aurait pu ajouter *chatouiller*), etc. Elle les rejeta comme indignes du style élevé. Racine, lui disje, a été moins difficile que vous; il les a employés, et je lui en fis voir les exemples. »

Qu'aurait dit madame Necker, et qu'aurait dit Marmontel lui-même, si on leur avait soutenu que *brosser* et *boutonnière*, c'est-à-dire, en fait de mots, le familier du familier, pouvaient devenir poétiques dans les vers d'un vrai poëte? — Oh! oh! dites-vous, qui a fait ce tour de force? — Un poëte très-classique dans ses procédés, Béranger; ce qu'il y a de plus remarquable et ce qui vient à l'appui de ma petite doctrine, c'est que ce n'est pas du tout un tour de force; rien, au contraire, n'a un air plus naturel. C'est dans ces vers pleins d'une grâce mélancolique qu'il adresse à son vieil habit :

> Sois-moi fidèle, ô vieil habit que j'aime,
> Ensemble nous devenons vieux.

> Depuis quinze ans je te brosse moi-même,
> Et Socrate n'eût pas fait mieux.
> . . . .
> Pour des rubans la France entière
> Fut en proie à de longs débats.
> La fleur des champs brille à ta boutonnière,
> Mon vieil ami, ne nous séparons pas.

De ces vers, les plus poétiques, sans contredit, sont ceux où Béranger a placé les mots vulgaires en question. *Fut en proie à de longs débats* est du style noble qui évite de dire les choses par leur nom ; aussi la pensée n'est-elle pas claire et ne sert-elle qu'à faire ressortir ce vers tout plein de fraîcheur poétique :

> La fleur des champs brille à ta boutonnière.

N'ayez donc point peur de la familiarité, madame, et ne vous croyez pas obligée d'effacer dans les exercices de vos élèves les mots familiers parce qu'ils sont familiers ; autrement, vous seriez conduite à en faire disparaître tous les idiotismes, c'est-à-dire la moelle même de notre bonne langue française. Voyez seulement s'ils expriment bien ce que l'élève a voulu rendre ; s'ils y répondent mieux que tout autre, laissez-les passer de bonne grâce, et vous-même, ne vous faites pas scrupule de les aimer si vous vous sentez un faible pour eux.

Vous rappelez-vous ce conseil de Vauvenargues à

un jeune homme : « Aimez la familiarité, mon cher ami, elle rend l'esprit souple, délié, modeste, maniable... Ceux qui ne sortent pas d'eux-mêmes sont tout d'une pièce ; ils craignent les hommes qu'ils ne connaissent pas, ils les évitent, ils se cachent au monde et à eux-mêmes, et leur cœur est toujours serré. Donnez plus d'essor à votre âme et n'appréhendez rien des suites. » Ce que Vauvenargues dit là de la vie et des hommes, on peut l'appliquer à la langue, que l'on ne connaît jamais bien, dont on ignore éternellement les plus précieuses ressources, quand on a évité tout commerce avec ses familiarités et ses idiotismes ; et si enfin vous trouvez mon conseil trop hardi, je le mettrai sous la protection d'un autre Vauvenargues, de Joubert, l'un des esprits les plus délicats et les plus distingués de notre siècle, qui a dit : « C'est par les mots familiers que le style mord et pénètre dans le lecteur. C'est par eux que les grandes pensées ont cours et sont présumées de bon aloi, comme l'or et l'argent, marqués d'une empreinte connue. Ils inspirent de la confiance pour celui qui s'en sert à rendre ses pensées plus sensibles ; car on reconnaît à un tel emploi de la langue commune un homme qui sait la vie et les choses, et qui s'en tient rapproché. De plus, ces mots font le style franc. Enfin ce qu'on dit en paraît plus vrai, car rien n'est aussi clair parmi les mots que ceux qu'on nomme familiers, et la clarté est tellement un caractère de la vérité que souvent on la prend pour elle. »

Vous conviendrez, madame, que l'on vous met bien à l'aise ; mais je ne dois pas vous dissimuler que, comme toutes les libertés, celle-ci a ses limites ; un style tout en idiotismes familiers serait d'un goût médiocre, pour ne pas dire d'une affectation insupportable. Aussi bien les familiarités dont nous parlons ont besoin, pour avoir tout leur agrément naturel, d'être espacées et comme entourées, et, ainsi que l'a dit des mots de cette espèce notre conseiller de tout à l'heure, « des largeurs autour d'eux peuvent seules les excuser. »

Vous avez bien compris, chère madame, que je n'ai point entendu faire la guerre au style noble ; j'ai voulu vous montrer seulement que le style ne sera pas véritablement noble pour être composé de mots réputés nobles, et que si la pensée est noble, le mot propre qui y répond le sera comme elle, quelle que soit sa condition apparente. De grands écrivains se sont peut-être trop défiés, à cet égard, des ressources de la langue commune ; Buffon, par exemple, dont la grande imagination était bien capable d'ennoblir toutes les expressions qu'il employait, eût été un peintre plus admirable encore qu'il ne l'a été, s'il avait plus souvent laissé son pincéau chercher des teintes sur toute l'étendue de sa palette.

En effet, le style de Buffon n'est pas tout Buffon, quoi qu'on en dise ; il y avait un Buffon un peu rude et franc Gaulois, très-Bourguignon pour tout dire, que l'historien de la nature et le philosophe des *Époques* surveillait trop sévèrement: A la vérité, il se dédommageait ensuite de la contrainte par le sans-façon de son entretien intime. C'est encore Marmontel, si je ne me trompe, qui a raconté qu'un jour, devant des étrangers qui brûlaient d'entendre parler le peintre grandiose du lion et du cheval, la conversation ayant été attirée sur la nécessité et la difficulté pour l'écrivain de rendre son style parfaitement clair : « Oh! dit Buffon, qui n'avait pas encore ouvert la bouche, pour ce qui est de clarifier le style, c'est une autre paire de manches ! » Voilà tout à point l'exemple dont j'avais besoin pour vous montrer que la familiarité toute seule n'est pas un mérite ni même un agrément. Assurément Buffon aurait pu tomber mieux, s'il n'avait pris plaisir à tomber si mal. *Clarifier* n'était pas d'ailleurs le mot propre ; puisque, dans son sens physique, il signifie rendre clair ce qui est trouble, il ne pouvait s'appliquer au style, qui ne commence point naturellement par être obscur, afin que les écrivains aient ensuite la tâche de le rendre clair. Quant à *une autre paire de manches*, c'est ce qu'on appelle une locution composée, qui n'est pas susceptible d'être modifiée par ses entours comme pourrait l'être le mot *paire* et le mot *manches* par leur alliance avec d'autres mots ; l'alliance est toute faite d'avance et a son usage trivial comme l'idée qu'elle exprime.

Si je me suis fait bien entendre, vous avez déjà compris, chère madame, que la propriété d'expression, dans le style, est essentiellement affaire de tact et de goût, et je ne puis, à ce propos, laisser dans l'écritoire une dernière observation que me suggère un travers très-répandu aujourd'hui, et dont des écrivains, habiles d'ailleurs, ne savent pas se défendre ; c'est ce que j'appellerai l'anachronisme, que vous pourrez envoyer tenir compagnie au néologisme et à l'archaïsme. Vous savez qu'un anachronisme est un renversement de date, ou, pour dire comme Bossuet, une erreur qui fait confondre les temps. On a appliqué le mot au costume, et on l'a défini en ce cas : une erreur qui consiste à attribuer à une époque des vêtements, des meubles qui n'ont existé qu'à une autre époque. L'anachronisme de style est une erreur de goût qui consiste à employer, pour exprimer des choses et des idées d'un temps et d'une société déjà éloignés, et bien différents de notre âge et de nos mœurs, des mots qui ne répondent qu'à des choses, à des idées, à des institutions de date toute récente. Rien n'est plus choquant pour les gens de goût. A propos d'événements et de personnages de l'antiquité, des expressions comme celles-ci : *le canon d'alarme*, *les prétentions nettement formulées*, *la commotion électrique*, *les grands centres*, *un langage peu parlementaire*, etc., seraient de grossiers anachronismes.

LETTRE SEPTIÈME

Procédés indirects de langage.—La périphrase en vers.—Les ramoneurs et la poule au pot.—La périphrase dans les écrits en prose.—Métamorphoses de la redingote et de la perruque.—Passage du sens physique des mots à un sens figuré.—Avantage des mots figurés sur les mots abstraits. — Des figures de mots.—La comparaison, figure poétique et oratoire.—La métaphore.—Images.

Aujourd'hui, nous parlerons de deux procédés de langage dont, à l'occasion, on peut s'aider pour exprimer sa pensée avec plus de justesse, quoique communément l'on ne s'en serve que pour ajouter à sa force ou à son agrément.

L'un de ces procédés est la périphrase, qui tourne autour du sens et cherche à le rendre en évitant le mot. L'autre procédé consiste à remplacer l'expression directe par l'expression figurée.

Parlons d'abord de la périphrase. Je vous préviens que je n'ai pas grand'chose de bon à vous en dire, lui préférant beaucoup, en général, le mot direct, et trouvant qu'il n'est rien de tel que d'appeler les gens et les choses par leur nom. Je conviens loyalement que d'habiles et charmantes plumes ont excellé dans cette manière de présenter les objets par leur détail, et de ne pas les nommer pour avoir prétexte de les peindre. Il y a certainement plaisir pour mon esprit à suivre, se déroulant avec aisance dans des vers gracieux, une description dont j'ai bientôt deviné l'objet. Ainsi *ramoneurs* tout court ne vaut pas, dans la place que le poëte leur a donnée, la jolie périphrase où Voltaire fait allusion à ces honnêtes enfants

> Qui de Savoie arrivent tous les ans,
> Et dont la main légèrement essuie
> Les longs canaux engorgés par la suie.

J'aime beaucoup moins, je l'avoue, ces vers de l'auteur de la *Henriade* cherchant à habiller noblement le mot célèbre d'Henri IV, qui voulait, disait-il, que sous son règne le paysan français pût mettre la poule au pot tous les dimanches :

> Je veux que dans les jours marqués pour le repos,
> Le modeste habitant des paisibles hameaux,
> Sur sa table moins humble ait, par ma bienveillance,
> Quelques-uns de ces mets réservés à l'aisance.

La périphrase ne nous rend pas ici en agrément l'éloquence familière du mot qu'elle supprime. Mais

que pensez-vous de ce poëte qui , n'osant appeler le
bec d'un oiseau un bec, l'appelle, par périphrase,

> L'endroit aigu d'où sort la mélodie?

La périphrase est, sans contredit, une des grâces
de la poésie, mais encore faut-il la placer à propos et
n'en point faire son but. L'abbé Delille, si habile à
ce jeu qu'il y jouait partout, avait fini par se persuader, et, semble-t-il, avait persuadé un instant à ses
contemporains, que le suprême effort du poëte consiste à décrire perpétuellement autour du mot propre
des courbes ingénieuses.

En prose, la périphrase offre à l'éloquence la plus
élevée, comme au badinage le plus léger, des ressources d'expression merveilleuses ; mais, plus encore
que dans la poésie, c'est à la condition d'être employée avec discrétion et à sa place. A mon goût,
M. Thiers, dans son *Histoire du Consulat et de l'Empire*,
était dispensé de se mettre en frais de périphrase
pour éviter la fameuse redingote ; « l'enveloppe
grise » dont il entoure le grand capitaine est une de
ces timidités ou de ces prétentions au style noble qui
étonnent quelquefois dans cette prose essentiellement
naturelle. — Dans mille cas, sans doute, il serait
parfaitement ridicule de remplacer une *perruque*
par les « volutes d'une chevelure menteuse ; » mais

5.

dans le parallèle poétique et passionné que M. de Maistre trace de la science moderne et de la science antique, cette périphrase est une hardiesse de plus, une hardiesse à la fois moqueuse et éloquente, qui est dans le ton de la peinture entière. « Sous l'habit étriqué du nord, la tête perdue dans les volutes d'une chevelure menteuse, les bras chargés de livres et d'instruments de toute espèce, pâle de vieillesse et de travaux, elle se traîne (la science moderne), souillée d'encre et toute pantelante, sur la route de la vérité, baissant toujours vers la terre son front sillonné d'algèbre..... » tandis que la science des temps primitifs, « volant plus qu'elle ne marche, lève aux vents des cheveux qui s'échappent d'une mitre orientale ; l'éphod couvre son sein soulevé par l'inspiration, elle ne regarde que le ciel, et son pied dédaigneux semble ne toucher la terre que pour la quitter. »

Redescendons de ces hauteurs vers la périphrase ordinaire, et convenons que, dans le langage courant, elle n'est que trop sujette à alourdir le style et à l'obscurcir de vraies énigmes. Je sais bien que souvent il n'y a pas d'autre moyen d'éviter la répétition des mots ; mais alors même, et avant d'y avoir recours, on doit bien s'assurer que la répétition qu'on veut éviter serait plus fastidieuse que la périphrase; et, s'il faut absolument l'appeler à notre aide, faisons en sorte que du moins elle ajoute à la chose un trait de physionomie, ou à l'expression un agrément.

Il n'y a pas si longtemps que la périphrase a cessé de passer pour une élégance, en toutes sortes d'écrits, et j'ai lu des auteurs assez modernes qui se donnaient beaucoup de mal pour ne nommer personne que par allusion ou par périphrase. M. X.... n'était jamais M. X..., c'était le respectable vieillard qui....; Buffon n'était pas Buffon, c'était le Pline de la France, que...., etc. Ce travers a coûté cher à plus d'un estimable écrivain du dernier siècle. Ces prétendues élégances ont vieilli rapidement et fait vieillir du même train le style qui croyait s'en parer. Tel est le résultat inévitable des beautés de convention et de mode pure. La périphrase n'est pas morte pour cela; elle est et restera éternellement chère au génie français pour tout l'esprit, toute l'ironie et la malice dont elle peut servir à envelopper la pensée.

La périphrase est un procédé foncièrement littéraire. L'emploi des mots, dans un sens *figuré*, est un procédé qui a devancé l'art. C'est le procédé des peuples enfants, celui de la foule, celui même qui a formé toutes les langues.

Le premier sens qu'ont reçu les premiers mots,

c'est leur sens physique ou naturel. Le sens philoso-
·phique ou abstrait n'est venu que le second, et souvent le dernier. Il est clair que la pureté du ciel et de
l'eau, la chaleur du soleil, sont des notions qui ont été
nommées avant la pureté du cœur et la chaleur du
sentiment. Employer les mots dans un sens figuré,
c'est appliquer, par comparaison, leur sens physique
à des sentiments, à des idées qu'ils ne désignaient
pas originellement. L'inverse n'a guère lieu; on n'est
pas naturellement conduit à appliquer un mot purement abstrait aux choses de la nature réelle ou visible.
L'on conçoit une affection profonde par analogie avec
une eau profonde, mais l'idée d'une eau *affectueuse* ne
peut venir à personne. Si par une comparaison tacite
on dit énergiquement : l'ennui me *dévore*, vous ne serez jamais tentée de dire d'un lion qu'il *ennuie* sa proie.

Il est peu de mots de notre langue qui n'aient un
sens physique et un sens figuré. Il n'en est aucun
qui, ayant un sens physique, ne soit susceptible d'une
acception figurée, s'il ne l'a déjà. Prenons quelqu'un
de ces mots nouveaux que les inventions de l'industrie
du siècle nous ont rendus familiers, *dérailler,* par
exemple; soyez certaine qu'on dira, si on ne dit déjà
couramment, quoique peu élégamment, d'un homme
qui est sorti de la bonne voie : *il a déraillé.*

Tout ce que je vous ai dit de la *propriété* s'applique

au sens figuré comme au sens physique des mots.
Quant aux mots qui s'adressent à l'entendement seul
et ne peignent point les idées qu'ils désignent, il
faut assurément s'en servir quand besoin est, mais
ils n'ont point le mérite de ceux qui frappent à la
porte de notre imagination. Ce n'est pas assez de
faire entendre ce qu'on dit; il faut encore le faire
voir. Prenons pour exemple cette pensée: « L'homme
est sans doute le plus faible des êtres créés, mais,
en revanche, aucun n'est doué comme lui de la fa-
culté de penser. » Cela s'entend; mais combien est
plus clair et plus intelligible le langage de Pascal,
lorsque, du fond de son âme s'échappe cette pensée
profonde et poétique : « L'homme n'est qu'un roseau,
le plus faible de la nature, mais c'est un roseau pen-
sant. » C'est la même idée pourtant, froide et stérile
dans son expression abstraite, saisissante pour l'esprit, féconde pour le cœur dans les paroles de
Pascal.

La nature est la grande institutrice de l'homme,
elle l'aide à se comprendre lui-même comme à se
faire comprendre des autres, et voilà pourquoi les
expressions figurées, qui lui font voir à la fois et une
réalité et une idée, se font mieux entendre de lui et
constituent le fonds populaire des langues. C'est ce
qu'a bien remarqué Dumarsais (un grammairien

homme d'esprit, qui a fait un livre intéressant sur les tropes); « Je suis persuadé, dit-il, qu'il se fait plus de figures dans un jour de marché, à la halle, qu'il ne s'en fait en plusieurs jours d'assemblées académiques. »

Je ne sais plus qui a dit: « La plupart des termes abstraits sont des ombres qui cachent des vides. » Ceci est bien absolu. Je me contenterai de dire que les termes abstraits font gris dans le style. La paresse, un peu de pédanterie peut-être, d'affectation à montrer qu'on a la tête métaphysique, donnent à de très-bons écrivains le courage d'écrire, même dans les pages d'un roman, des phrases abstraites comme celle-ci : « Je n'ai pas été assez de mon sexe, *dans le sens* de la présomption.—Manger en tête à tête est la satisfaction en commun d'un besoin de l'être matériel.—Quant à votre amie, elle est au-dessus d'une certaine sphère de désillusion. » De tels glaçons refroidissent tout. Et ceci encore, qu'en dites-vous? (c'est une belle jeune personne qui parle) : « Notre situation, que je croyais assise et réglée jusqu'à nouvel ordre, se trouble et se complique un peu devant l'arrivée de mon père. » Ce n'est pas dans la langue compassée des diplomates que parleraient le cœur et l'esprit d'une jeune fille spirituelle et aimable. Elle prendrait ses expressions dans un vocabulaire plus figuré, partant plus naturel. —Ai-je bien entendu? Alors, s'il vous

plaît, débrouillez-vous au plus vite avec Molière, qui,
je m'en souviens fort bien, fait dire au bon sens par
la bouche d'Alceste :

Ce style figuré dont on fait vanité
Sort du bon caractère et de la vérité.
Ce n'est que jeu de mots, qu'affectation pure,
Et ce n'est point ainsi que parle la nature.

Tirez-vous de là, mon cher maître ? — D'abord,
chère madame, veuillez considérer que je ne vous ai
point parlé jusqu'ici du style figuré, mais du sens
figuré. Un style figuré est un style semé de figures
de langage, comme on dit en rhétorique, et toutes
les figures de langage ne sont pas nécessairement des
images. Dans ce sonnet d'Oronte, qui excite la bile du
misanthrope, à part deux ou trois expressions figurées, comme l'espoir qui *berce* l'ennui, les mots sont
pris au contraire dans leur sens abstrait et direct; en
revanche il y a force figures de pensées, *antithèses* et
hyperboles.

Et puisque vous avez imprudemment fait partir le
gibier, pour votre châtiment, je vais, madame, tout
d'une haleine apprendre à vos filles qu'on distingue
les figures en figures de mots, autrement appelées
tropes, qui ne sont qu'une certaine façon de détour-
ner les mots de leur sens direct, et en figures de

pensée, qui sont les attitudes de la pensée ; et là-dessus, comme le maître de philosophie de M. Jourdain, j'ai à leur dire combien il y a de figures d'une espèce et combien de l'autre, me proposant particulièrement de les catéchiser sur la synecdoque, sur la catachrèse, sur l'hypotypose.... Ah ! vous me demandez grâce ? Allons, je consens à user de clémence ; aussi bien servirait-il de peu à votre jeune monde de savoir la minutieuse nomenclature qui répond à la subtile classification des façons diverses dont l'homme peut exprimer sa pensée, comme si ces façons n'étaient pas d'une variété infinie, échappant le plus souvent à l'analyse et à la définition. Je me bornerai à vous entretenir des figures de comparaison, parce qu'elles sont des éléments utiles du style littéraire et même du discours usuel.

La comparaison complète, la comparaison de pied en cap, celle qui successivement indique la pensée et présente son image complétement développée, est une figure essentiellement littéraire, propre particulièrement à la poésie et à l'éloquence. Plus d'un poëte a réuni sur ce genre de figures tout l'effort de son art et de son talent. Boileau en a trouvé, les anciens aidant, de justement admirées :

Telle qu'une bergère aux plus beaux jours de fête, etc.

Cherchez le reste au chapitre II de l'*Art poétique,* ou dans le combat du *Lutrin :*

Tels deux fougueux taureaux, de jalousie épris...

Et sur un ton bien différent et d'une coupe tout autrement neuve et poétique, ces plaintes touchantes de la *Jeune Captive :*

L'épi naissant mûrit, de la faux respecté ;
Sans crainte du pressoir, le pampre tout l'été
    Boit les doux présents de l'aurore ;
Et moi, comme lui belle et jeune comme lui,
Quoi que l'heure présente ait de trouble et d'ennui,
    Je ne veux pas mourir encore.

Pour la prose oratoire, il n'y a qu'à ouvrir les *Oraisons funèbres* de Bossuet pour trouver de ces similitudes qui saisissent l'imagination et l'enlèvent vers les cimes où l'âme du grand orateur s'est déjà élevée d'elle-même :

« Comme une aigle (aigle, au sens physique, est devenu masculin) qu'on voit toujours, soit qu'elle vole au milieu des airs, soit qu'elle se pose sur le haut de quelque rocher, porter de tous côtés des regards perçants et tomber si sûrement sur sa proie qu'on ne peut éviter ses ongles non plus que ses yeux ; aussi vifs étaient les regards, aussi vite et impétueuse était l'attaque, aussi fortes et inévitables étaient les mains du prince de Condé. » La comparaison est très-bien venue également dans l'éloquence tempérée des discours académiques. En voici une que je détache de l'éloge de M. de Fontanes par M. Villemain. Il s'agit de l'aspect que présentait la France au sortir de la Terreur : « Une joie frivole s'était emparée des âmes, comme par l'étonnement d'avoir survécu, et l'on célébrait des fêtes sur les ruines. Ainsi dans les campagnes ravagées par le Vésuve, quand le torrent en flammes a détruit les ouvrages et les habitations des hommes, bientôt la sécurité succède au péril, on se réunit, on se rapproche, et l'on bâtit de nouvelles demeures avec les laves refroidies du volcan. »

La *métaphore* est aussi une comparaison, mais une comparaison dont l'un des termes seulement est en évidence, l'autre se laissant deviner. Son caractère propre est de faire lire tout ou partie de l'idée que l'on veut exprimer dans l'image que l'on s'en forme. Si c'est toute l'idée, la métaphore s'appelle plutôt une *image*. C'est une figure éminemment propre à la poésie. Dans ce beau domaine, l'imagination est vraiment maîtresse ; c'est là son lieu, et l'on ne s'étonne pas, l'on aime que la raison aussi lui emprunte son langage et ses tableaux. On lui permet d'envelopper de son voile brillant tout un sujet de pensées, à la condition que ce voile, orné de sa seule délicatesse et de sa transparence, ne fasse qu'accuser plus gracieusement sous ses plis, les traits et les formes de l'idée ou de l'être qu'il couvre. L'image prend alors le nom d'*allégorie*. On a fait de l'allégorie un genre poétique, bien mal à propos, à en juger par le peu d'allégories en titre qui, telles que le portrait de la *Mollesse*, par Boileau, ont réussi et sont restées dans la mémoire. Une des plus belles que je connaisse, dans notre poésie moderne, c'est le *Vaisseau*, de M. Lebrun. Dans cette ode allégorique et tout animée de patriotisme, le poëte a personnifié la puissance maritime de l'Angleterre sous l'image d'un vaisseau :

> Je vois aux plaines de Neptune
> Un vaisseau brillant de beauté,
> Qui, dans sa superbe fortune,
> Va d'un pôle à l'autre porté.
> De voiles au loin ondoyantes,
> De banderoles éclatantes
> Il se couronne dans les airs,
> Et seul, sur l'humide domaine
> Avec orgueil il se promène,
> Et dit : Je suis le roi des mers.

Fier de son beau navire, l'équipage chante sa fortune; le vieux pilote, sur la poupe, s'endort plein de sécurité; mais la mer gronde, la tempête éclate :

> Du milieu des plaines profondes
> Un cri soudain s'est élancé.
> Qu'est devenu ce roi des ondes?
> C'en est fait. L'orage a passé.
> Les flots qui tremblaient sous un maître,
> Aux lieux qui l'ont vu disparaître,
> Venant sans bruit se réunir,
> Roulent avec indifférence,
> Et de sa superbe existence
> N'ont plus même le souvenir.

L'événement a démenti la prophétie, l'allégorie s'est trouvée boiteuse, mais la beauté est demeurée, parce que l'imagination du poëte avait été inspirée par un sentiment plein d'élan et de sincérité.

Nous pourrons reprendre ce sujet de l'image poétique lorsque nous causerons poésie. Aujourd'hui, je voudrais me borner à quelques notions de bon sens qui puissent éclairer le goût de vos élèves sur ce sujet des images en général, et leur servir au besoin de guide pour le bon emploi des expressions métaphoriques, dont le style le plus familier fait usage et s'accommode fort bien; mais ce sera pour ma prochaine lettre.

LETTRE HUITIÈME

Premier point essentiel : toute comparaison, toute image, toute métaphore manque son but, si elle n'ajoute ni à la clarté du sens, ni à l'agrément de l'expression.

De ce principe tout simple découlent quelques maximes de bon sens également. Ainsi, il est évident qu'une image empruntée à des objets peu familiers ou inconnus au lecteur, ne lui rendrait pas notre pensée plus lumineuse ou plus attrayante, cette image fût-elle pour nous la clarté même. Physicien, par exemple, algébriste, j'emprunte habituellement mes comparaisons à des connaissances et à des opérations qui me sont familières; c'est fort bien pour moi; mais mon lecteur, mais mon interlocuteur, mais vous, madame, que comprendrez-vous à mes *coefficients,* à mes *intégrantes,* à mes *influences positives et négatives?* Pour s'interdire des emprunts de ce genre, il ne faut que du discernement ou simplement de la discrétion. Tout dépend ici des personnes auxquelles on s'adresse. Deux médecins, deux géomètres, deux géologues, s'entretenant ensemble, se comprennent à demi-mot par des allusions transparentes pour eux, mais indéchiffrables pour les profanes. Je sais bien qu'aujourd'hui tous les hommes de quelque instruction connaissent plus ou moins les sciences physiques et leurs nomenclatures, mais les femmes n'en savent pas le premier mot, et la compétence du profane ne va pas elle-même au delà des éléments et de quelques applications de la science. Tout le monde sait à peu près ce que c'est que la lampe du mineur inventée par Humphry Davy, et imposée réglementairement dans les mines; cette connaissance vague suffit pour que je trouve très-juste et très-spirituelle cette comparaison d'un moraliste : « Le bon sens est comme la lampe de Davy, qui met à l'abri des explosions, mais qui n'éclaire qu'à quelques pieds de distance. » (*Ad. Pictet.*)

Mais il faut être quelque peu versé dans l'optique et avoir présente à l'esprit cette notion que les miroirs concaves agrandissent les objets, et que les miroirs convexes les rapetissent, pour saisir du premier coup cette pensée du même écrivain : « Les âmes sont concaves ou convexes, tout se grandit dans les unes, tout se rapetisse dans les autres, et cependant elles s'imaginent voir les mêmes choses ; de là d'immenses malentendus. »

Le plus sûr est toujours d'emprunter les images aux objets les plus familiers ; les comparaisons les plus énergiques sont même empruntées aux objets les plus communs, et ce ne sont pas les plus vulgaires, car il en est des images comme des mots, c'est la pensée qui fait leur noblesse.

Voici deux métaphores bien différentes empruntées au même objet, une meule, objet vulgaire assurément ; l'une rude et d'un sens énergique, l'autre pleine d'éclat et de force poétique. La première est de Cassien : « Notre cœur est comme la meule d'un moulin, il faut qu'il tourne et qu'il broie quelque chose, que ce soit du froment ou de l'ivraie. » Et pour le dire en passant, qu'elle est juste cette pensée ! je la voudrais en épigraphe à la première page d'un traité d'éducation. L'autre image vous est connue, je la trouve dans les *Martyrs* au début de cet admirable récit du voyage d'Eudore : « Nous reprîmes notre route avant le retour de la lumière. Le soleil se leva dépouillé de ses rayons et semblable à une meule de fer rougie. »

Laissez-moi vous donner ici quelques images familières qui sont restées dans mon souvenir ; elles vous feront mieux sentir comment la comparaison peut, à tous ses degrés, même les plus humbles, éclairer et embellir les pensées heureuses et en fixer le sens dans la mémoire.

En voici une très-spirituelle qui est empruntée à la plus élémentaire des notions de l'arithmétique : « L'expérience fait voir que l'adversité et la mauvaise fortune déplaisent aux hommes, et que le plus souvent les bonnes qualités, le mérite, sont les zéros, et le bien le chiffre qui les fait valoir. » L'auteur de cette pensée, mademoiselle Aïssé (une Circassienne qui avait été amenée en France au temps de la Régence), ne calomniait pas l'époque où elle vivait ; naturellement, les hommes de notre siècle sont pétris d'une bien autre farine.

Cette autre est de madame de Maintenon :

« N'oubliez jamais, ma chère fille, qu'un chrétien sans prière est un soldat sans armes le jour du combat. » Vous voyez que madame de Maintenon ne s'amuse pas à dire de son chrétien qu'il est semblable à un soldat qui serait sans armes ; elle y va plus vivement, son chrétien est un soldat, ce qui fait songer tout de suite, sans qu'elle le dise, que les tentations et les épisodes de la vie sont des batailles où il faut combattre ou périr. Voilà les bonnes images ; ce sont celles qui font réfléchir.

Vous aimerez celle-ci que j'ai lue dans une lettre adressée par M. de Bonstetten à une jeune amie, mademoiselle de Klustine, depuis madame de Circourt : « Le sentiment brisé est du cristal qui ne recroît pas ; il reste brisé et blesse qui le touche. » Et celle-ci de Joubert : « Le soir de la vie apporte avec soi sa lampe. »

Enfin, ce petit conseil de Joseph de Maistre, très-juste dans son extrême, mais piquante familiarité : « Les hommes qui crient sont toujours les moins rancuneux ; il faut se défier de ceux qui se mordent la langue. »

Je n'irai pas plus loin, sans convenir de bonne foi qu'en vous disant que les images doivent être empruntées à certains objets plutôt qu'à d'autres, je tombais dans l'erreur ou dans le travers de tous les traités de rhétorique, qui commandent gravement ce qui ne peut être commandé. A les entendre sur ce sujet, on dirait que tous les hommes sont nés avec les mêmes facultés poétiques, avec la

6

même imagination, et qu'il ne s'agit pour l'écrivain que de choisir entre les images qui doivent nécessairement frapper son esprit. On a l'imagination que l'on peut, et il ne dépend pas de notre volonté de voir des ressemblances là où les yeux de notre esprit n'en voient point. Et c'est là précisément ce qui fait les grands poëtes, c'est la puissance de regard qui leur permet de discerner entre les idées et les choses, des rapports saisissants que nous n'aurions point aperçus de nous-mêmes ou qui ne se présenteraient pas à nous avec des couleurs si belles, avec autant de précision et d'éclat. Il est divertissant d'entendre Marmontel dire à ses lecteurs : « Les images que l'on emploie doivent être du ton général de la chose, élevées dans le noble, simples dans le familier, sublimes dans l'enthousiasme. » Mais, monsieur Marmontel, dites-nous d'abord comment on doit s'y prendre pour trouver des images? — Eh! mais, quand on a de l'imagination...—Hélas! c'est justement la difficulté. — Bah! qui est-ce qui n'a pas de l'imagination? — Qui est-ce qui n'a pas vingt mille francs de rente? dit un personnage d'une petite comédie. Qui est-ce qui n'a pas d'esprit? disait un autre.—Les imbéciles d'abord, répondait Arnal, et puis beaucoup d'autres.

Non, il n'est pas donné à tout le monde d'aller à Corinthe, et il vaut mieux ne pas employer d'images, quand elles ne viennent pas naturellement, que d'en fabriquer laborieusement de faibles et d'artificielles. Vous vouliez un flambeau, vous ne trouveriez qu'une lanterne. Ce malheur arrive tous les jours aux indigents qui veulent faire les riches.

Supposons maintenant que les images se présentent avec une naturelle abondance à l'écrivain, pour exprimer son sentiment ou sa pensée, encore fera-t-il bien, en revoyant son œuvre de se demander :

1º Si l'image qui lui est venue repose sur une comparaison juste, s'il y a ressemblance suffisante entre les objets.

2º Si l'image sera pour les autres plus lumineuse, plus agréable aussi que ne le serait l'expression simple et directe de l'idée.

3º Si elle ne se trouve point en disproportion choquante avec l'idée, trop grande ou trop mesquine, selon le cas, car la convenance en tout point est la condition fondamentale du plaisir littéraire, et, d'ailleurs, rien ne sent plus l'affectation que ces sortes de disparates. C'est, je crois, Bettina, l'amie de Gœthe, qui a dit du soleil couchant : « Il se retire si doucement qu'on n'entend pas le bruit de ses semelles à l'horizon. »

4º Enfin, si toutes les parties de l'image se rapportent à toutes les parties de l'idée, si elles se suivent? Sur ce dernier point, il y a doute et controverse. Pourvu que l'image mette en relief le fond essentiel de l'idée ou seulement le côté que l'on en veut faire ressortir, peu importe que les détails ne se raccordent pas parfaitement! tel est l'avis de quelques écrivains qui pratiquent cette tolérance pour leur compte. Mais les esprits difficiles sont choqués, à l'excès quelquefois, de ce qu'ils appellent des images boiteuses.

Voilà pour l'image en forme. Mais pour **cette** multitude de métaphores qui sont passées dans le vocabulaire usuel et sont devenues monnaie courante du langage, il n'est point question d'appliquer ces règles à la rigueur. L'usage a sanctionné depuis longtemps les écarts de logique que l'on remarque en plusieurs de ces métaphores; qu'a-t-on de mieux à faire qu'à le respecter?

Chose plus difficile, il faut savoir résister à la tentation d'employer un mot tout à la fois dans son sens physique et dans son sens figuré. Je dis tentation, parce qu'il est commode d'employer les choses à deux fins, de faire, comme on dit, d'une pierre deux coups; et que c'est un moyen de jouer sur les mots et d'avoir de l'esprit à bon marché. Remarquez pourtant, madame, que la confusion du sens direct et du sens figuré cause toujours à l'esprit un peu de surprise et comme une secousse qui l'importune. Lorsqu'on s'occupe de choses sérieuses, cela est à éviter. Je ne vous donnerai pas pour un exemple de ce genre de faute, le fameux : *Brûlé de plus de feux que je n'en allumai*, du Pyrrhus d'*Andromaque*, parce que Racine, à qui on l'a tant reproché, n'y avait vu, lui, certainement, qu'une forte hyperbole et non, comme on le suppose gratuitement, un galant jeu de mots qui devait plaire à ses contemporains. Contentez-vous, comme exemple de la confusion du propre et du figuré, de cet amphigouri en prose, adressé à un poëte : « Les fleurs sont quelquefois attaquées par les vers ; j'aime mieux celles des vôtres. » — Oh ! mais, voilà des gentillesses dont mes pauvres filles ne se doutent seulement pas !—Vous n'avez pas besoin d'en faire serment ; tenez-les dans cette heureuse ignorance, et si, dans vos lectures, vous rencontrez des phrases comme celles-ci : « Il craignait si fort l'opinion, qu'il n'osait manifester la sienne.—En allant à la Bourse, j'ai perdu la mienne. —Les illustres savants qui soutiennent le goût des sciences par celui qu'ils mettent dans la manière de les traiter, etc. » Vous ferez remarquer les inconvénients de cette épargne de mots, tantôt naïve, tantôt prétentieuse, quelquefois piquante et qui n'est habituellement très-amusante que chez Saint Simon, parce que chez lui elle est de bonne foi.

Enfin, bien que dans la conversation familière on

soit dispensé d'y regarder de si près, vous ne conseil-
lerez pas à vos filles de courir après des jeux de mots
comme celui-ci, qui est de M. Scribe, et d'ailleurs fort
en place dans un dialogue à l'avenant: « Je pris mon
parti et une place dans la diligence. » Hamilton,
moins excusable, avait dit le premier : « Au lieu de
prendre les ordres, il prit le chemin de l'Angleterre
et mademoiselle Bedingfield pour femme. » Légère
tache, à peine visible dans ce style d'un goût si naturel et si parfait, mais qui, souvent répétée, l'eût bientôt gâté et alourdi.

LETTRE DE MADAME ***

A L'AUTEUR

Si vous avez pensé que je vous tiendrais quitte de ce chapitre des *figures* que vous prétendez escamoter, vous avez compté sans un souvenir de jeunesse que je vais vous dire. Ma parfaite ignorance en ce genre de notions me mit un jour dans une confusion épouvantable. C'était à la campagne, chez une tante que j'avais. Ma bonne tante, qui me croyait un savant en *us* parce qu'elle me voyait beaucoup lire, imagina de me faire étaler mes belles connaissances devant le précepteur du jeune M. de S..., notre voisin. « Faites-lui des questions, vous allez voir. » — Mademoiselle, me dit le pauvre abbé pris au dépourvu, pensez-vous que la *métonymie,* la *synecdoque* et l'*hypotypose* soient des figures de mots ou des figures de pensée? — Je répondis modestement qu'on ne m'avait pas enseigné la philosophie. — C'est de la rhétorique, mademoiselle; l'*Abc* de la rhétorique, reprit mon examinateur en se tournant vers ma tante avec un geste qui signifiait : « Il est inutile d'aller plus loin. » Et je vis bien que M. le précepteur était charmé d'en être quitte à si bon marché, que ma tante me tenait pour une ignorante fieffée, et je fis serment d'en avoir une bonne fois le cœur net sur l'*Abc* de la rhétorique. L'occasion me parait venue; aidez-moi, de bonne grâce, à tenir mon serment.

LETTRE NEUVIÈME

Obligez-moi, madame; si jamais votre examinateur
vous tombe sous la main, ne lui faites point quartier. Rappelez-lui sa belle question sur la métonymie
et la synecdoque, et répondez-lui tout d'un trait :
« Monsieur, la *métonymie* et la *synecdoque*, auxquelles
nous joindrons, si vous le voulez bien, la *catachrèse*
et l'*antonomase*, sont figures de mots, tout ce
qu'il y a de plus mots, aussi vrai que la tasse
que vous tenez en ce moment est *du Japon* et que
votre *plume* est éloquente comme celle de Bossuet
(métonymie, monsieur l'abbé), et que *la chaire* est

au-dessus *du barreau* (catachrèse, monsieur); aussi vrai enfin que, quoique *le Français* soit né malin (synecdoque, la partie pour le tout), il ne naît pas tous les jours, dans notre belle France, *des Boileau et des Molière* (antonomase, ne vous déplaise!). Quant à l'*hypotypose,* vous n'êtes pas homme à ignorer que le fidèle Théramène en fait usage, dans son fameux récit de la mort d'Hippolyte, lorsqu'il peint la catastrophe qu'il a vue, *comme si elle était encore sous ses yeux.* Vous ferai-je l'injure d'ajouter que Racine, pour tracer ce tableau, n'avait pas eu besoin d'inviter son imagination à lui fournir une bonne hypotypose bien conditionnée? Et Corneille, grand Dieu! serait-ce donc pour la gloire d'avoir fait une bonne *métalepse,* qu'il a placé dans la bouche de son Horace, répondant au pauvre Curiace, ces vers qui résument énergiquement la théorie de son brutal patriotisme :

> Et pour trancher enfin ces discours superflus,
> Albe vous a nommé, je ne vous connais plus.

« Et enfin lorsque Rodrigue suppliant Chimène de venger de sa main la mort de son père qu'il lui a tué, la fille de D. Gomès répond ce mot qui dit tout : *Va, je ne te hais point,* Corneille s'est-il appliqué sciemment à faire une *litote?* Vous n'en croyez rien, n'est-il pas vrai? Et bien convenez tout bonnement que l'on peut savoir, ignorer ou avoir oublié ce que ces grands mots signifient, sans avoir pour cela le goût meilleur ou le jugement moins bon. »

Il ne sera pas inutile pourtant que je vous dise quelques mots de deux ou trois façons littéraires d'exprimer avec force les pensées qui ont en littérature des noms dont il faut bien entendre le sens, savoir : l'*hyperbole*, la *prosopopée*, l'*antithèse*.

L'Hyperbole est synonyme d'exagération. Mais l'*hyperbole* n'est une figure et ne produit son effet qu'à une condition dont la raison se devine, c'est d'être sincère. Si celui qui l'emploie voit et sent en quelque sorte, comme il dit voir et sentir, l'exagération de l'expression ne fait alors que rendre avec plus de fidélité la force du sentiment. Ainsi, dans le *Cinna* de Corneille, Auguste, décidé enfin à la clémence et s'exaltant par la grandeur de sa propre générosité, adresse à *Cinna* cette noble hyperbole :

> Tu trahis mes bienfaits, je les veux redoubler,
> Je te comblai de biens, je t'en veux accabler.

Rien n'est rare comme une hyperbole qui porte coup. Plus souvent, l'hyperbole refroidit d'avance l'effet qu'on voudrait produire. *Qui dit trop ne dit rien*, est un judicieux adage qu'il ne faut jamais perdre de vue lorsqu'on tient une plume française.

« Ne nous servons pas de mots plus grands que les choses, » a dit La Rochefoucauld dans le même sens; et en vérité, la sobriété de l'expression est un bien plus sûr moyen d'atteindre au but que l'enflure hyperbolique. Dire moins pour exprimer davantage, est un procédé qui convient mille fois mieux au génie de notre langue. Faites, madame, faites une guerre impitoyable aux expressions exagérées; ne permettez pas qu'on prodigue à propos de rien l'atroce, l'horrible, l'affreusement, l'épouvantablement, etc.; tout cela, c'est de la glace et pure paresse. On ne veut pas se donner la peine d'exprimer nettement sa pensée; aussi ne l'exprime-t-on pas du tout. Moi, qui vous écoute, vous ne m'apprenez rien, vous ne me persuadez pas; bref, vous me fatiguez. Le mot juste m'en aurait dit bien davantage.

On appelle, en littérature, *prosopopée* une figure qui consiste à faire parler, agir un personnage absent, ou qui n'est plus, ou même à prêter la vie à des objets inanimés, à en faire des personnes. C'est une figure essentiellement poétique et oratoire. Elle abonde dans la Bible : « O mort, où est ton aiguillon; ô sépulcre, où est ta victoire? » Elle n'a rien à faire naturellement dans le discours familier. Il y en a de bien éloquentes dans notre prose oratoire; dans notre poésie, il y en a de charmantes, il y en a de tou-

chantes; telle est l'élégie aux nymphes de Vaux de
notre La Fontaine :

Remplissez l'air de cris en vos grottes profondes.

Lorsqu'on rapproche à dessein deux expressions
ou deux idées opposées pour leur donner plus de
relief, de même qu'en peinture le voisinage du noir
fait paraître le blanc plus blanc, celui du rouge le
vert plus vert, et réciproquement, cette opposition
des contrastes s'appelle une *antithèse*. L'antithèse
vraie, bien ménagée, bien naturelle et qui, selon
l'expression de Pascal, ne rappelle pas les fausses
fenêtres que l'on met pour la symétrie, est d'un
grand effet. Au temps de Pascal, qui en était à bon
droit fort dégoûté, la mode était aux fausses fenêtres;
on les prodiguait partout, dans les portraits particu-
lièment et dans les sonnets. On en voit un bel échantillon dans le fameux sonnet d'Oronte, si bien accom-
modé par Alceste :

> Belle Philis, on désespère
> Alors qu'on espère toujours.

L'abus de l'antithèse ne saurait être trop surveillé
par la critique, il se glisse partout; hier badin et galant, demain il affectera gravement des airs d'oracle,

et on le saluera de confiance sous le nom de profondeur. Un moyen sûr de n'être pas dupe, c'est de déshabiller les antithèses quand on les rencontre; on a bientôt vu si elles recouvrent une idée juste ou un mannequin. Au surplus, il en est des antithèses comme de toutes les autres figures ou façons non ordinaires d'exprimer sa pensée; il ne faut pas les chercher, et encore moins les pousser jusqu'à ce que· effet s'ensuive; · le dégoût succéderait infailliblement. C'est bien pis quand, boursoufflant une pensée, de rien, elles donnent au lecteur, à propos de bagatelles, de vraies énigmes à deviner. Parler *phébus* (c'est ainsi que l'on appelle ce style obscur et ampoulé) est autre chose qu'un défaut, c'est un ridicule, et un ridicule qui change de costume avec le temps, la mode et la société. « Que dites-vous? répondait en son temps La Bruyère à un de ces chercheurs d'expressions amphigouriques, que dites-vous? Comment? Je n'y suis pas; vous plairait-il de recommencer? J'y suis encore moins. Je devine enfin : vous voulez, Acis, me dire qu'il fait froid; vous voulez m'apprendre qu'il pleut ou qu'il neige; dites : il pleut, il neige : vous me trouvez bon visage et vous désirez de m'en féliciter; dites : je vous trouve bon visage. Mais, répondez-vous, cela est bien uni et bien clair, et d'ailleurs, qui ne pourrait pas en dire autant? Qu'importe, Acis? est-ce un si grand mal d'être entendu quand on parle et de parler comme tout le monde? Une chose vous manque, Acis, à vous et à vos semblables, les faiseurs de phébus, vous ne vous en défiez point et je vais vous jeter dans l'étonne-.nement; une chose vous manque, c'est l'esprit; ce n'est pas tout, il y a en vous une chose de trop qui est l'opinion d'en avoir plus que les autres; voilà la source de votre pompeux galimatias, de vos phrases embrouillées et de vos grands mots qui ne signifient rien. »

Ce phébus-là, c'était le grand phébus; il a disparu et nous n'en avons pas même l'ombre dans le jargon de métier que l'on appelle argot et où il est loisible à chacun, selon son goût ou les lieux qu'il fréquente, de chercher des façons de parler autrement que tout le monde, d'être plaisant à demi-mot pour les amis, mais inintelligible aux bonnes gens qui, en fait de langue, ne savent que le français et n'entendent rien du tout à l'argot des voleurs, à celui des coulisses ou de l'atelier.

Le *phébus* nous ramène sur notre route, et je lui en sais gré. Nous avons vu jusqu'ici, madame, comment la correction du langage, la propriété d'expression dans son sens le plus large concourent à produire la clarté du style, et comment aussi le mauvais français, le mauvais choix des mots et leur mauvais emploi dans un sens figuré en éloignent; mais, pour être plus positif encore sur ce sujet important, il me reste à vous parler de la *précision*.

La précision tient à la manière génerale de présenter la pensée plutôt qu'à l'expression même. On peut avoir une idée très-claire et l'exprimer avec toute clarté sans être précis au sens littéraire du mot. Être précis, c'est dire très-exactement les choses, c'est en tracer avec fermeté les limites et les contours. Or, on peut être clair avec moins comme avec plus de mots. Le *Va, je ne te hais point*, que je vous rappelais tout à l'heure, est assez clair, je pense; rien pourtant n'est moins précis, et, pour le dire en passant, dans la chanson espagnole, Chimène est moins précise encore; elle ferme sa fenêtre en jetant un simple *bonsoir* à son amant, mais ce bonsoir naïf en dit beaucoup. Pour exprimer sa pensée avec précision, la Chimène de Corneille devait dire à Rodrigue: « Hélas! je devrais te haïr; cependant, non-seulement je ne te hais point, mais je t'aime chèrement. » Ce genre de précision, la poésie a le privilége de s'en passer; elle n'est jamais plus claire et plus aimable que lorsqu'elle se fait entendre à demi-mot.

Il me serait bien facile, mais ce serait un peu long, de vous citer des exemples du cas inverse, alors que l'écrivain ne peut se dispenser de développer son idée pour la rendre, avec la précision nécessaire, telle qu'elle se présente à son esprit. La manière d'être précis est en rapport naturel avec la manière de comprendre et de sentir, et, à cet égard, la différence entre écrivains s'étend à leurs compositions entières. Lisez le récit de la bataille de Preston dans le *Siècle de Louis XV* et dans *Waverley*; vous avez là deux narrations également claires, chacune en son genre; mais la plus dramatique, la plus pittoresque, la plus poétique est certainement celle de Walter Scott; la plus précise, celle de Voltaire, qui est aussi le plus précis des écrivains de notre langue, trop précis peut-être pour laisser beaucoup de jeu à notre imagination.

Veuillez prendre garde, madame, qu'en disant précis, je n'ai pas dit concis. Bien que la précision, comportant en général une juste épargne de détails, soit au moins cousine de la concision, elle n'est pas même chose. La concision est une qualité littéraire du premier ordre, lorsqu'elle est ce qu'elle doit être, non une brièveté sèche et matérielle, mais l'expression condensée et lumineuse d'une idée. Elle ne consiste pas à enfermer une idée dans cinq mots au lieu de vingt, mais à trouver cinq mots excellents qui disent tout, qui peignent la pensée que vingt autres mots n'auraient fait qu'exprimer avec une clarté suffisante. Pascal et Montaigne sont tout pleins de ces concisions-là, de celles dont Joubert a dit : « Concision ornée, beauté unique de style. » Savez-vous à quelle source elles se puisent? Le même écrivain vous le dira : « On moule ce qu'on dit, quand on l'a pensé fortement. » Vous voyez que l'on n'est pas concis à bon marché. A ce degré-là, au moins, la concision n'est pas une qualité de style accessible à la première plume venue. Cependant il y faut buter[1] ; car, comme l'a dit énergiquement un excellent écrivain du xvi siècle, « un don sans lequel toutes sortes de bonnes grâces ont peu de grâces, c'est la brièveté. » Mais on n'y arrive que par la bonne route, c'est-à-dire par l'attention à ce qu'on pense et à ce qu'on écrit, non par des raccourcissements factices, par des ellipses fatigantes. Je sais des écrivains qui se croient concis parce qu'ils mettent des points là où il ne faudrait que des virgules; j'en sais qui ont tellement envie d'être courts qu'ils suppriment des mots nécessaires, et remplacent les anneaux de la phrase, comme de la pensée, par des soudures propres seulement à ôter à la chaîne du discours sa souplesse et son élégance. C'est l'écueil des provinciaux et des étrangers.

---

[1] Si *buter* vous étonne, sachez qu'ayant été employé par La Fontaine, Bossuet et bien d'autres, et ayant été de la meilleure langue, il est bon de ne pas l'en laisser sortir.

Lors même qu'en s'appliquant à éviter la surabondance des mots on n'atteindrait pas à cette belle concision si désirable, assurément on n'aurait point perdu sa peine si l'on trouvait en chemin la précision, la netteté qui fait sentir par un trait ferme et arrêté les contours de l'idée et ajoute le dessin à la transparence.

L'opposé de la netteté, c'est le vague, comme le contraire de la concision est la prolixité; le vague et la prolixité à eux deux produisent le style lâche et diffus ou, pour mieux dire, l'absence de style. En revanche, trop de netteté peut produire la dureté; trop de concision, l'obscurité; trop d'attention à la précision, la sécheresse et l'ennui; car encore est-il bon de ne pas tout dire et, suivant le conseil de La Fontaine, de laisser au lecteur quelque chose à deviner.

Tout cela est bien général, j'en conviens; mais quoi? il n'existe pas de recettes pour être, à coup sûr et à propos, net, précis, concis, etc. Un savant illustre, mais de peu d'imagination, un peu grisé par les merveilleuses inventions de la science et de l'industrie modernes, demandait un jour à un peintre de ma connaissance pourquoi l'on ne songeait pas à doser les divers mélanges de couleurs avec une exactitude si mathématique que chaque nuance de la palette eût sa formule chimique; ce serait, disait-il, pour messieurs les peintres une épargne de temps et de main-d'œuvre inappréciable. L'artiste objectait, faute de mieux, l'impossibilité d'un dosage si délicat.—Ah! répondit le savant, nos mécaniciens font aujourd'hui des balances d'une précision si parfaite! Il oubliait qu'en peinture, mille choses qui ne se pèsent pas déterminent la juste nuance, et qu'à peine une teinte a pris place sur le tableau à côté d'une autre, que leur valeur et leur effet à toutes deux se modifient à l'œil instantanément; avec les doses de notre homme, il n'y aurait plus que des colorieurs, il n'y aurait pas de coloristes. De même, en fait de style et par les mêmes raisons, des recettes ne feraient jamais un écrivain. Je vous avertis loyalement que je n'en sais aucune pour procurer aux personnes qui le désirent une plume élégante. Mais on peut causer utilement de l'élégance du style, indiquer ce qui lui est propice et ce qui lui est contraire; c'est un sujet sur lequel, ne fût-ce que pour l'éducation de leur jugement, il est utile que vos filles se forment des idées saines. Si vous le voulez bien, j'en ferai le sujet de ma prochaine lettre.

LETTRE DIXIÈME

De l'élégance.—La Vénus de Milo et le chapeau de Mme ***.
—Dialogue entre les philosophes et une dame.—Conditions
dont se compose la véritable élégance du style.—Souplesse
des articulations.—Variété des formes.—Des répétitions de
mots et des rimes dans la prose, etc.

En vérité, madame, je n'ai pas la présomption de vous apprendre ce que c'est au juste que l'élégance. Vous vous moqueriez à bon droit du professeur. S'il est, en effet, un élément de la beauté dont les femmes ont une idée plus vive et plus nette que nous, c'est bien celui-là. Questionnez-les? elles vous riront au nez. Eh bien! l'élégance c'est l'élégance; et les philosophes seraient eux-mêmes bien embarrassés de trouver une définition plus claire; mais, comme ils font profession aujourd'hui de tenir les dames en haute estime, ils se contenteront d'insinuer socratiquement une petite objection *ad feminam.*

—Très-bien! mesdames, diront-ils, mais une explication, s'il vous plaît? Devant la Vénus de Milo, vous vous récriez sur l'élégance du torse, sur l'élégance du port de tête, du mouvement des épaules. Vienne à passer madame ***, une de nos merveilleuses, même admiration et même langage : Que cette toilette du matin est d'une ravissante élégance ! le chapeau, le châle, tout est élégant, posé et porté avec élégance ! c'est absolument comme pour les épaules sans toilette de la Vénus de Milo. Permettez-nous de vous demander si, en ces deux cas, les mêmes idées répondent, dans votre esprit, aux mêmes mots?

—Oui et non. C'est bien vrai que nous trouvons le chapeau de madame *** élégant, parce qu'il est à la mode ; mais serait-il à la mode, aurait-il l'approbation de toutes les femmes de goût, si la forme n'en était pas élégante en elle-même?

—Alors il faut convenir que c'est une singulière chose que l'élégance, ou plutôt une chose qui n'existe pas ; car la toilette la plus élégante d'aujourd'hui, vos robes avec leur ampleur sans bornes et vos coiffures basses ou étalées sur les côtés, ne ressemblent guère aux toilettes les plus élégantes d'il y a trente-cinq ans, sous le règne des robes courtes, des *gigots* extravagants et de ces coiffures *à la girafe*, qui vous révoltent aujourd'hui dans les portraits de cette date. Et pourtant, il y a trente-cinq ans, à la même

place, si quelque madame *** de l'époque eût passé
dans cet attirail, mesdames vos mères en auraient
pareillement admiré la parfaite élégance.

— Oui, messieurs, mais elles auraient admiré
comme nous la Vénus de Milo ; preuve qu'il y a élégance et élégance, une élégance éternelle à laquelle
nous sommes toujours prêtes à rendre hommage, et
une élégance d'usage, de convention, si vous voulez,
celle-là sans conséquence et indigne d'occuper des
philosophes tels que vous.

—Pardon, mesdames, mais ceci intéresse fort la
philosophie, et la concession que vous nous faites
nous satisfait parfaitement.

Maintenant que les philosophes sont d'accord avec
ces dames, et, moyennant un *distinguo*, acceptent si
gracieusement leur excellente définition, revenons
au style qui, lui aussi, a les deux façons que vous savez
d'être élégant. C'est quelque chose de très-subtil
que l'élégance de convention ; elle se glisse partout,
même dans les styles les plus simples et les plus
graves ; car il n'est que trop naturel aux écrivains
modestes d'accepter, comme des élégances d'un effet
sûr, des tours d'expression et de phrase, des idées,
des mots habituels à des auteurs en crédit, et dont le
succès a bientôt fait des banalités. Il n'y a qu'un
parti à prendre contre ces faiblesses que l'œuvre

paye tôt ou tard pour l'écrivain, c'est de se résoudre à expliquer sa pensée avec fidélité et de placer ce but avant tous les autres.

La véritable élégance du style ne tient pas à si peu qu'à l'emploi de quelques expressions plus ou moins élégantes ; elle tient avant tout au mouvement, à la manière dont les phrases vont se déroulant, se succédant et s'articulant les unes aux autres. Son essence est la liberté réglée par la grâce. Si vous voulez aller plus loin et voir d'un peu plus près de quoi cette chose charmante est faite, au risque de la voir s'évaporer dans l'opération, soumettez-la à l'analyse, mettez au creuset le style des écrivains de notre littérature dont l'élégance est classique, Racine, Fénelon, Hamilton, Voltaire, sans parler de nos contemporains ; l'analyse vous fera reconnaître chez tous, à côté des autres qualités dont nous avons déjà parlé, la présence de ces trois éléments particuliers : 1o aisance dans les mouvements ; 2o variété dans les mots et les tours ; 3o harmonie dans l'ensemble.

De ces trois caractères réalisés à un si haut degré chez les maîtres, voyons ce qu'il est possible à toute plume soigneuse de s'en approprier par l'attention et par quelque travail.

Sur le premier point, qui est capital pourtant, je trouve peu de chose à vous dire, car je ne vous aurai pas livré un grand secret lorsque je vous aurai dit que, pour donner au style cette aisance qui plaît tant, il faut que les membres des phrases s'attachent entre eux et les phrases entre elles, sans effort visible et d'une manière si simple qu'elle semble la plus naturelle; que l'abondance est propice à la douceur des mouvements, et qu'enfin plus le style est serré et concis, plus les jointures demandent de soin et coûtent de peine. Une remarque seulement. Nos conjonctions, qui sont les articulations officielles du discours, nos *que*, entre autres, nos *quoique*, nos *car*, nos *puisque,* nos *parce que*, sont d'une sonorité si ingrate et d'une forme si anguleuse que, lorsqu'on le peut en toute sûreté, il est bon de les sous-entendre, et qu'au besoin il vaut la peine de les remplacer, en développant le sens. La ponctuation adroitement répartie dispense au besoin d'employer la conjonction. Ainsi dans cette phrase : « Je vous trompais en vous laissant croire que je suis toujours résigné à mon sort, *car* je n'ai point atteint cette abnégation de soi-même où quelques anachorètes sont parvenus. » Remplacez *car*, qui pouvait être *puisque* ou *en effet*, par *deux points*, et vous avez, sans aucun sacrifice pour le sens, une phrase d'un mouvement plus agréable. Cependant la clarté avant tout ; lorsque la facilité n'est qu'apparente, le lecteur n'est pas dupe

longtemps. D'ailleurs, la suppression affectée des
conjonctions donne au style quelque chose de haché
et d'essoufflé. Il y a moyen de faire l'épargne d'une
conjonction autrement que par ces brusques élisions;
en voulez-vous un exemple? « Quelques livres, c'est
« un solitaire qui parle, m'ont bien instruit de la per-
« versité des hommes et des malheurs inséparables de
« l'humanité, mais mon cœur se refuse à les croire. »
N'aurez-vous pas fait plus que supprimer *mais*, n'aurez-vous pas renforcé le sens en même temps que vous
aurez rendu le mouvement de la phrase plus élégant
et le sens plus expressif, lorsque, avec l'auteur du
Lépreux de la cité d'Aoste, vous aurez dit : « En vain
« quelques livres m'ont instruit de la perversité des
« hommes et des malheurs inséparables de l'huma-
« nité, mon cœur se refuse à les croire. »

Variété, disions-nous ! Rien de ce qui se prolonge
ne peut demeurer beau; le plus heureux tour de
phrase, le plus élégant, perd tout attrait s'il est pro-
digué ; mais ce n'est pas de cela que j'ai à vous parler. Variété dans les grâces et les beautés du style,
ce n'est pas variété, c'est richesse. Mes recommandations se borneront au mécanisme ordinaire de
toute rédaction. Évitez absolument de commencer
plusieurs phrases successives par les mêmes mots
et de répéter plusieurs constructions identiques;

c'est là une de ces exigences matérielles qu'il faut subir de bonne grâce. Cela demande de l'attention, du travail, et vous ferez bien d'exercer d'entrée vos élèves à se revoir et à se corriger elles-mêmes sur ce point particulier, soit dans leurs exercices, soit dans leur petite correspondance : « Usez d'industrie, leur direz-vous ; c'est bien monotone cette suite de phrases qui commencent par le même sujet suivi de son verbe au même temps, et suivi lui-même de son régime. Les chutes de ces phrases sont trop semblables ; rompez celle-ci, prolongez celle-là, coupez-moi çà et là cette enfilade de *qui* et de *que* qui désoblige également les yeux et l'esprit. » Un coup d'œil sur quelques bonnes pages d'un bon auteur leur aura bientôt montré comment, avec un soin dont on ne se doute pas à la lecture, l'écrivain a varié les débuts, l'ordre et la chute de ses phrases. Je me bornerai au premier exemple venu. M. de Barante, racontant les mœurs des habitants du Bocage avant la Révolution, aurait pu présenter ainsi les traits de son tableau : « Ces heureuses habitudes se joignent à un bon naturel et font des habitants du Bocage un excellent peuple. Ils sont doux, pieux, hospitaliers, charitables, courageux et gais. Ils ont des mœurs pures et sont très-probes. Ils sont incapables d'un crime et n'ont presque jamais de procès. Ils étaient dévoués à leur

seigneur avec un respect mêlé de familiarité. Ils étaient d'autant plus attachés à ceux qui, depuis si longtemps, avaient obtenu leur confiance, que leur caractère est un peu sauvage, timide et défiant. » Si cela durait quelque temps ainsi, on s'endormirait infailliblement. M. de Barante s'est bien gardé d'écrire d'une façon si monotone ; son instinct d'écrivain lui disait assez que l'attention du lecteur l'abandonnerait bientôt, s'il ne le tenait en haleine par la variété des formes et des allures de sa description, et il a tracé avec les mêmes crayons, presque avec les mêmes mots, ce tableau, qui est aussi élégant et intéressant dans sa parfaite simplicité que l'autre l'eût été peu :
« Ces heureuses habitudes, se joignant à un bon
« naturel, font des habitants du Bocage un excel-
« lent peuple. Ils sont doux, pieux, hospitaliers,
« charitables, pleins de courage et de gaieté. Les
« mœurs y sont pures ; ils ont beaucoup de probité.
« Jamais on n'entend parler d'un crime, rarement
« d'un procès. Ils étaient dévoués à leur seigneur
« avec un respect mêlé de familiarité. Leur carac-
« tère, qui a quelque chose de sauvage, de timide
« et de méfiant, leur inspirait encore plus d'atta-
« chement pour ceux qui, depuis si longtemps,
« avaient obtenu leur confiance. »

Parmi les détails de style qui relèvent de la lime

et du petit marteau figurent les répétitions de mots ;
elles choquent et fatiguent. Que vos élèves soient donc
attentives à éviter l'emploi répété d'un mot dans la
même phrase ou aux environs ; leur peine sera
récompensée : pour chercher un remplaçant à des
mots que l'on sacrifie, il faut de la réflexion, de l'industrie, et souvent on rencontre pour y suppléer
une expression meilleure ou un tour auquel on n'a-
vait point pensé. Seulement, pas de superstition ; ne
soyons pas plus sévère que le bon sens ; or, le bon
sens dit que le mot qui représente l'objet principal
de l'idée qu'on expose ou que l'on développe a le droit
de reparaître plus souvent que les autres, et qu'une
répétition dont le lecteur ne s'aperçoit pas, ce qui
arrive lorsque le mot a peu de relief, n'étant pas importune, peut être tolérée. Mais surtout, que la propriété de nos expressions n'ait pas à souffrir de nos
retouches.   Il vaut mieux cent fois répéter le mot
propre, s'il est essentiel au sens général, que de le
remplacer par des à peu près ou par une périphrase qui
énerve le sens et l'offusque. L'oreille du lecteur
s'impatiente bien moins d'une répétition que d'une
obscurité. M. Cousin, relevant les scrupules excessifs
du plus artiste des écrivains, J.-J. Rousseau, a fait
cette observation, qui devra vous servir de règle, car
vous ne voudrez pas être plus rigoureuse que ce

maître difficile : «Rousseau, dit-il, évite les répétitions de mots avec une sévérité outrée, inconnue des écrivains de l'âge précédent et de ceux de l'antiquité. La peur d'une répétition le conduit quelquefois à un défaut bien autrement grave, celui d'équivalents inexacts ou maniérés. »

La répétition symétrique des sons, l'emploi des rimes surtout est à éviter, comme la répétition des mots eux-mêmes. Il n'y a rime, toutefois, qu'autant que les mots consonnants terminent symétriquement deux phrases ou deux membres de phrase. Nous verrons bientôt pourquoi ces sortes de consonnances doivent être évitées dans la prose ; notons seulement ici qu'un moyen bien simple de les faire disparaître sans recourir à d'autres mots, c'est d'engager l'une d'elles dans le corps de la phrase, car alors, la symétrie cessant, la rime s'évanouit. Quant aux autres consonnances, simples répétitions des mêmes sons ou des mêmes mots, remarquons que, s'il faut y pourvoir lorsqu'elles choquent, elles peuvent aussi donner quelquefois plus de vivacité ou de pittoresque à l'expression et plus de relief au sens. Vous rappelez-vous, dans le *Glorieux*, ces vers plaisants et pleins de verve d'un bonhomme en colère :

Car, qu'une femme pleure, une autre pleurera,
Et toutes pleureront tant qu'il en surviendra.

Et ces vers satiriques que l'abbé Trublet, la vic-
time, admirait avec désespoir :

> Il entassait adage sur adage,
> Il compilait, compilait, compilait ;
> On le voyait sans cesse écrire, écrire
> Ce qu'il avait jadis entendu dire,
> Et nous lassait sans jamais se lasser.
> Il me choisit pour l'aider à penser.
> Trois mois entiers ensemble nous pensâmes,
> Lûmes beaucoup, et rien n'imaginâmes.

Nos prosateurs nous offriraient par-ci par-là des
exemples analogues de consonnances heureuses,
mais ceci se rattache au dernier élément de l'élégance, dont il me reste à vous parler, l'harmonie.

LETTRE ONZIÈME

De l'harmonie du langage en général.—En quoi différente de
l'harmonie musicale.—Les orangers de Grenade et les vergers de Normandie.—Concours de syllabes à éviter dans
la prose la plus ordinaire.—Les vers et les hémistiches
bannis de la prose.—Pourquoi?—La prose a son harmonie
à elle.—Du nombre et de ses effets.—M. Vinet.—La facilité
et l'air de facilité.

Quelques mots d'abord sur l'harmonie du langage
en général.

L'harmonie, cette qualité de l'expression qui met
l'oreille de moitié dans les jouissances littéraires de
notre esprit, est l'effet soit des sons eux-mêmes, soit
de leur distribution dans la phrase. Y a-t-il des
mots harmonieux par eux-mêmes? C'est incontes-
table, puisque les mots se composent de sons; mais
les sons littéraires, pour ainsi parler, ne sont pas les
sons musicaux, et la douceur n'en est pas le caractère
essentiel, nécessaire; autrement, il suffirait d'une
succession de syllabes douces et sonores pour pro-

duire l'harmonie; et il n'y aurait qu'à inventer, comme l'a fait M. Soumet dans sa *Divine Épopée*, des *grands bois d'Amra et des vols d'Alexanors pareils à des palais d'Argyrose embaumés d'aloès et de rose*. Non, la musique du langage, bien différente de la musique proprement dite, obéit à d'autres conditions. Elle est étroitement liée aux idées, aux sentiments que le sens des mots éveille. Mme de Staël disait qu'elle n'avait jamais prononcé sans douceur ces mots bien simples: *les orangers de Grenade*. Croyez-vous que, si ces deux mots réunis ne faisaient penser à ce poétique séjour de la chevalerie moresque, Mme de Staël eût trouvé autant de plaisir à les répéter, fussent-ils plus mélodieux encore? Elle n'aurait pas cherché bien loin pour trouver des mots aussi doux, *les vergers de Norman-die*, par exemple; mais vous la représentez-vous ré-pétant avec suavité : *les vergers de Normandie, les vergers de Normandie?* Cependant ces deux mots aussi éveillent une idée agréable, mais une idée d'un ordre poétique moins élevé que les orangers de Grenade.

Après cela, il est très-vrai qu'il y a des syllabes, des mots, des phrases qui forment des *onomatopées* naturelles, c'est-à-dire dont le son est en rapport avec certains bruits, certains objets, certaines actions. Mais croyez bien que l'idée que nous attachons aux mots est pour moitié au moins dans la qualité harmonique

que nous leur prêtons en ce cas, et que l'écrivain,
après tout, fait de l'harmonie expressive ou *imitative*,
avec les mots propres encore plus qu'avec les mots
sonores. En déclamant ces vers des fureurs d'O-
reste :

> Eh bien ! filles d'enfer, vos mains sont-elles prêtes ?
> Pour qui sont ces serpents qui sifflent sur vos têtes ?

l'acteur peut s'amuser à faire siffler toutes les syllabes, au grand applaudissement de la galerie qui
l'attend à cet endroit fameux; mais je ne sais voir
de digne de Racine, dans ce vers imitatif, que le courage qu'il a eu d'employer directement le mot propre,
les serpents qui sifflent, sans s'effrayer de ces syllabes
sifflantes. Vraiment, je serais bien tenté de répéter,
après un écrivain : « Il y a harmonie pour l'esprit
« toutes les fois qu'il y a parfaite propriété dans
« l'expression. Or, quand l'esprit est satisfait, il prend
« peu garde à ce que l'oreille désire. » Mais il faut
entendre cela dans une mesure raisonnable ; la vérité
pratique se trouve peut-être entre cette doctrine un
peu absolue et la maxime de Boileau, qui ne l'est pas
moins :

> Fuyez des mauvais sons le concours odieux.
> Le vers le mieux rempli, la plus noble pensée,
> Ne peut plaire à l'esprit quand l'oreille est blessée.

Dans la plus humble prose, il y a telle succession de mots qui ne blesse ni ne charme l'esprit, mais dont les syllabes accumulées produisent à l'œil et à l'oreille un effet désagréable qu'il est nécessaire d'éviter. Il ne faudrait écrire nulle part : *L'effet en fut fatal*, ni envoyer même à l'amie la plus indulgente des phrases comme celle-ci : « Le temps n'étant pas tentant, nous ne tentâmes pas de proposer une promenade; » ou bien « ses efforts pour bien faire ont effacé l'effet fâcheux qu'avait produit sa faute. » Assurément, aucun des mots employés dans ces phrases n'est à rejeter pour lui-même, mais leur concours est odieux, comme dit Boileau.

La méprise, assez naturelle d'ailleurs, qui porte à confondre la douceur musicale des syllabes avec l'harmonie du style, et qui a égaré loin des bons sentiers plus d'un poëte, a noyé aussi plus d'un prosateur estimable dans les eaux dormantes du style coulant. Vous vous récriez : — Comment! le style peut-il jamais être trop coulant!—Mais oui, Henri III, qui se connaissait en poésie, devisant sur ce sujet du style coulant, dit un jour à d'Aubigné : « J'aime bien « les vins qui ont corps et condamne ceux qui ne « cherchent que le coulant à boire de l'eau. » Et Joubert, à son tour, s'est moqué doucement des écrivains qui mettent leurs soins à écrire de telle sorte

qu'on puisse les lire sans obstacle, et qu'on ne puisse
en aucune manière se souvenir de ce qu'ils ont dit.
Il les trouve prudents : « Les périodes de certains
auteurs sont propres et commodes à ce dessein.
Elles amusent la voix, l'oreille, l'attention même, et
ne laissent rien après elles. Elles passent comme le
son qui sort d'un papier feuilleté... L'habile écrivain s'attache aux mots qui sont amis de la mémoire
et rejette ceux qui ne le sont pas. » Ces mots « amis de
la mémoire » ne sont pas toujours les plus coulants,
en effet; faudrait-il sous ce prétexte les écarter?
Autant vaudrait raser les collines pittoresques qui
interrompent la monotonie d'une plaine.

Il en est pour la phrase comme pour les mots; si
l'on visait uniquement aux belles cadences, aux
chutes moelleuses, on ne produirait que la fatigue et
l'ennui. L'harmonie de la phrase, à force de douceur,
ne doit pas appeler le sommeil; elle doit s'animer au
besoin d'accents pénétrants, de mouvements inatten-
dus; il est tel achèvement bref, court et ramassé d'une
longue période qui, brisant soudain la symétrie prévue, est d'un excellent effet.

Par la même raison, les vers et les hémistiches ou
moitiés de vers sont à éviter dans la prose, ils y mettent trop de symétrie. Cette répugnance de la prose
pour les symétries propres à la versification n'est

point affaire de convention.. Notre esprit est ainsi fait qu'il n'aime pas à rencontrer sur son chemin des éléments étrangers au pays où il se trouve, de la prose dans les vers, des vers dans la prose, et même dans la prose des phrases trop régulièrement cadencées, des retours de syllabes semblablement mesurés, enfin ces symétries obtenues trop souvent par des épithètes oisives, des chevilles mal déguisées et qui attirent justement sur l'écrivain l'épithète fâcheuse d'artisan de paroles. Saint-Simon appelle quelque part cette fausse harmonie « le musical du discours. »

Est-ce à dire que la prose doit fuir l'harmonie? Oui, l'harmonie des vers, mais non la sienne, car elle en a une qui lui est propre, et dont le charme s'élève jusqu'à la puissance dans les genres qui la comportent. Cette harmonie-là s'appelle le *nombre*, du mot latin *numerus*, par lequel les rhéteurs de l'antiquité désignaient (ainsi traduit Marmontel) le mouvement qui résulte d'une succession de syllabes réunies dans un petit espace de temps restreint; — si vous l'entendez mieux, le nombre, c'est le poids que donnent à la phrase la quantité et la distribution des syllabes qui la composent. Le nombre est le lest du discours qui, sans ce poids bien réparti, au lieu de rouler avec aisance et majesté, irait à l'aventure, tantôt se traînant d'un pas boiteux, tantôt se précipitant d'un élan incertain. Sans le poids de leur corps, les oiseaux aux vastes ailes ne pourraient décrire dans les nues leurs rapides et puissantes paraboles, le vol des plus légers serait sans grâce. Il en est de même du style : le moins grave ne peut pas plus se passer de nombre, proportions gardées, que l'éloquence la plus sérieuse. J'ai dit «proportions gardées.» Il est clair, en effet, pour reprendre ma comparaison, que de petites ailes s'agiteraient grotesquement, si elles étaient attachées à un corps pesant, et que plus les ailes d'un oiseau ont d'envergure, plus il faut de lest pour équilibrer leur essor. Dans les contes d'Hamilton et dans les *Oraisons* funèbres de Bossuet, le nombre n'a pas le même poids; mais il existe chez l'un comme chez l'autre : plus prononcé, plus sensible à l'oreille, et à l'esprit, chez l'orateur, où il est non-seulement une beauté, mais une nécessité de l'ordre le plus élevé, et pour tout dire une force. « Il serait étonnant de dire, a remarqué avec profondeur M. Vinet, combien perd en vertu persuasive une diction dénuée de nombre, et pour quelle part sont entrées, dans les conditions d'un style éloquent, la distribution des espaces dans la phrase, la répartition des sons et la prudence des chutes. On peut être éloquent dans le fond, sans avoir le sentiment du rhythme oratoire; mais, sans ce rhythme, on ne réalise pas pleinement l'éloquence qu'on porte en soi... C'est parce qu'il manque, ajoute M. Vinet, que tant d'excellentes pensées, chez des écrivains plus négligents ou plus dédaigneux, traînent languissamment à terre, sans que personne les relève. » Le critique ne réserve pas pour la seule éloquence les bienfaits du nombre : « Quel écrivain versé dans son art, dit-il encore, a jamais négligé le nombre? à quel style, parmi ceux qu'on propose généralement pour modèle, cette beauté est-elle étrangère? et où a-t-elle jamais manqué, sans que bien d'autres qualités, certainement plus essentielles, aient manqué comme de concert. »

Ce qui manque certainement à tout style dépourvu de nombre et par là même de mouvement, c'est le caractère et la vie, et, pour revenir à nos moutons, comptez que, sans variété, il n'y a pas de mouvement, comme sans mouvement, il n'y a pas d'éloquence.

Si vous me dites que tout cela, si simple que je veuille le faire paraître, demande bien du soin, je vous répondrai avec un de mes oracles : « L'élégance « et le soin sont nécessaires l'un à l'autre et plaisent « l'un par l'autre. Quand le soin a produit l'élégance, « il devient par cet agrément facilité. »—Pour le coup, voilà deux mots étonnés d'être ensemble; soin et facilité! — Eh bien, lisez : l'air de facilité, car c'est de l'air qu'il s'agit. Que m'importe à moi, lecteur, que l'écrivain ait eu peu ou beaucoup de peine, pourvu qu'il l'ait prise et qu'il n'y paraisse pas. Joubert, que je viens de citer, nous complétera lui-même sa pensée : « Quand on a fait un ouvrage, il reste une chose bien difficile à faire encore, c'est de mettre à la surface un vernis de facilité, un air de plaisir qui cachent et épargnent au lecteur toute la peine que l'auteur a prise. »

La facilité à produire sa pensée est un don précieux que l'on peut ranger de nos jours parmi les biens de fortune, tant sont grands les avantages qu'il assure à celui qui l'a reçu en partage ; mais le bon écrivain s'en défie, il sait que lorsqu'on écrit avec facilité, « on croit toujours avoir plus de talent qu'on n'en a, et que pour bien écrire, quand on écrit avec facilité, à la facilité naturelle il faut joindre une difficulté acquise. » C'est ce que Boileau voulait dire, quand il se vantait d'avoir appris à Racine à faire difficilement des vers faciles.

LETTRE DOUZIÈME

Du naturel dans le style.—De la naïveté.—Prétention et affectation ne sont pas également condamnables.—Ce que l'on voit quelquefois dans le monde.—La manière.—Caricature d'atelier.—Le maniéré.—La simplicité n'exclut pas tout ornement.—Luxe d'épithètes à fuir.—Place logique de l'épithète.—Théorie à consulter.—Délicatesse et finesse du style.

Il en est du naturel comme de la facilité. Ce n'est pas toujours naturellement, comme il semble que cela devrait être, qu'on écrit avec naturel. Pour celui qui écrit, ce qu'il y a de plus naturel au monde, c'est d'écrire avec les premiers mots venus qui se présentent sous sa plume; mais ce naturel-là, les autres l'appellent négligence. Ce qu'il y a de plus naturel pour nous qui lisons, c'est le mot juste, c'est la phrase qui marche d'un pas libre et aisé, et dit, sans aucun air d'apprêt, tout ce qu'elle a à dire; c'est un style enfin où rien ne choque, rien ne trahit, chez l'écrivain, l'ambition de briller, l'intention de produire de l'effet; mais de combien de patience et de quel labeur un tel style est quelquefois le prix! La Fontaine mettait au besoin six semaines à amener une fable à cet air de naturel si parfait, dans le langage le plus poétique. Et notez que La Fontaine n'est pas seulement naturel, il est naïf par-dessus le marché.—Quelle distinction faites-vous donc là? Naturel, naïveté, n'est-ce pas à peu près même chose?—Mais pas tellement qu'on ne puisse écrire avec naturel, sans être naïf pour cela et sans le paraître.—Débrouillez-nous un peu cette distinction qui m'a l'air d'être bien subtile.—Volontiers.

La naïveté, c'est proprement la gracieuse ignorance de l'enfant qui ne fait que de naître, le mot le dit, car *naïf* vient de *natif*. Une peinture naïve est une peinture où la nature semble avoir parlé sans en demander la permission au peintre. De même, le style est naïf quand il exprime la vérité avec une vivacité pittoresque dont l'écrivain ne semble pas avoir conscience. Rien n'est plus rare en littérature, comme dans tous les arts; car, bien souvent, ce que nous prenons pour de la naïveté dans les vieux livres n'est que l'effet de formes et d'expressions qui ne nous sont plus familières; telle est la naïveté que nous prêtons un peu gratuitement à Montaigne et à Amyot. Le plus souvent, la naïveté, toute sincère qu'elle est,

n'est qu'à moitié naïve. La pensée est à peine éclose
que déjà le penseur la voit et la juge, et alors adieu
l'aimable ignorance; mais l'écrivain conserve soigneusement à son inspiration ses premiers traits, sa
physionomie native, et c'est ainsi que la naïveté d'un
instant survit éternellement dans l'expression. Telle a
survécu dans sa ravissante poésie la naïveté du bon La
Fontaine, semblable à ces insectes dont parle André
Chénier, que l'ambre, tombant des hauts sapins de la
Finlande humide, rencontre quelquefois dans les airs :

> Tombe odorante, où vit l'insecte volatile;
> Dans cet or diaphane il est lui-même encor,
> On dirait qu'il respire et va prendre l'essor.

Ce qui est insupportable, c'est la naïveté contre-
faite, la naïveté singée, celle par exemple qu'à une
certaine époque on s'évertuait à produire en imitant les vieux auteurs français, en supprimant les articles et en usant puérilement d'inversions réputées
naïves. Il semblait à Rivarol voir un poltron dans
la cuirasse de Bayard. Souvent aussi l'air de naïveté
n'est qu'un cadre pour la satire, un prétexte pour
dire innocemment des choses très-cruelles et dou-
blement malicieuses.

Vous voyez bien que le style naïf et le style naturel
ne sont pas tout à fait même chose. Écrire avec na-

turel, je vous le répète, c'est écrire de bonne foi, sans prétention, et sans paraître affecter les qualités les plus désirables, même la simplicité, même le naturel. On a distingué à cet égard, un peu subtilement, mais avec raison, entre la prétention et l'affectation ; la seconde est pardonnable quelquefois, la première jamais.

La prétention, essentiellement vaniteuse, tourne tout son effort vers ce moi haïssable que vous savez ; l'écrivain à prétention ne pense qu'à se faire valoir et nullement à faire valoir ses idées. L'affectation, au contraire, la recherche, procède du besoin d'exprimer sa pensée avec plus de force ou de délicatesse. C'est souvent respect pour l'idée et politesse pour le lecteur. On voit dans la société des personnes très-naturelles par caractère, faire des efforts de diction, de bonnes manières, qui leur donnent un air singulier d'affectation. Montesquieu disait d'une femme qu'il ne nommait pas (c'était la sienne) : « Elle « marche naturellement bien, mais quand elle veut « marcher mieux, elle boite. » Chez ces sortes de personnes, l'affectation n'est que bonté pure, aménité et désir de bien faire.

Même contraste chez plusieurs écrivains : la pensée est naturelle, le style est affecté. Il l'est toujours plus ou moins, lorsque l'on met son originalité et son mérite à avoir en propre une certaine manière

d'écrire, et c'est par là, plutôt que par les qualités
naturelles de son génie, qu'un écrivain fait école.
Pour de bonnes raisons, ce n'est pas son génie que
l'on imite, c'est sa manière. Vieille faiblesse des arts!
la manière du maître est à toutes les époques le fé-
tiche de tous les ateliers. Mon oncle, que vous avez
connu, avait appris le dessin à Paris, un peu avant la
Révolution, dans l'atelier de Suvée, rival de l'atelier
de David. Il disait se rappeler une plaisante caricature
qu'on avait faite alors, et dont peut-être il était l'auteur. C'était le départ des élèves couronnés de l'Académie, s'embarquant pour le voyage de Rome. La barque
qui les emmenait quittait le port; les amis leur en-
voyaient du rivage les derniers adieux et les dernières
recommandations : « Surtout, hurlaient-ils en agi-
tant leurs chapeaux, n'oubliez pas la manière! »

Tout écrivain a un peu commencé par là, imitant,
à son insu peut-être, un écrivain de son choix (il faut
bien que l'enfant tienne la robe de sa mère pour ha-
sarder ses premiers pas); mais le moment vient à
la fin où, sentant ses forces, il marche seul et n'est
plus que lui-même. Il serait donc puéril de se préoccuper de ces traces d'imitation. Le défaut grave, le
défaut à combattre ne commence que lorsque l'imitation, cessant d'être un appui et un moyen, devient le
but, autrement dit une manière. N'appliquez pas le

mot à ce tour de force qu'on appelle un *pastiche,* qui consiste à imiter si exactement un auteur célèbre dont on a saisi le tour de style et d'idées, que c'est à faire illusion au premier moment. Comme tous les badinages qu'on avoue, celui-là est fort innocent et ne se passe d'ailleurs ni de talent ni d'esprit.

De la *manière* au *maniéré,* en fait de style, il y a plus que la main. Le maniéré ou la mignardise, comme le précieux et l'afféterie, emporte une idée de ridicule. En voulez-vous le portrait : « On appelle maniéré, en littérature, ce que l'on ne peut pas lire sans l'imaginer aussitôt accompagné de quelque gesticulation, même de quelque mouvement peu franc, peu partagé par la totalité de l'homme (vous voyez cela, la tête à gauche, le reste ailleurs). Le précieux ou l'afféterie fait imaginer le pincement. On ne peut lire certains auteurs sans leur attribuer un certain air de tête facile à contrefaire. » A l'occasion ne manquez pas de faire vérifier la chose à vos élèves; on ne saurait assez mettre les rieurs du côté du naturel.

Comme les différents travers que vous venez de passer en revue sont opposés à la simplicité aussi bien qu'au naturel, il arrive que l'on confond souvent l'un avec l'autre, et que, dans la conversation, l'on dit d'un auteur dépourvu de naturel qu'il manque de simplicité, et de tel autre réciproquement, qu'il manque de naturel parce qu'il n'est pas simple. C'est avoir sur la simplicité même des notions confuses.

Peu de parure, peu d'ornements, voilà proprement la simplicité. J'ai dit *peu*, je n'ai pas dit *point*. La simplicité peut et au besoin doit être ornée, mais toujours sobrement. La simplicité absolue, radicale, une page sans épithètes, sans métaphores ni figures d'aucune espèce vous en offrirait le type. Mais, en vérité, il faudrait que l'imagination de l'écrivain fût bien froide ou bien pauvre, pour qu'il n'eût pas besoin par-ci par-là de colorer ses substantifs, d'animer sa pensée. Supposez, au contraire, une profusion d'épithètes ; que chaque substantif en ait deux ou trois pour sa part, et que la pensée se présente dans une succession d'attitudes extraordinaires; vous aurez l'idée d'un style dont il serait impossible de vanter la simplicité. Compliquez ce luxe d'une profusion de mots répétant les mêmes choses sans y rien ajouter, et vous aurez redondance de paroles, enflure, boursouflure, emphase, tout ce que vous voudrez, sauf la simplicité.

La belle simplicité se trouve à moitié chemin de l'absolue nudité et de l'excès d'ornements; elle est une heureuse épargne et non une mesquine parcimonie. Mais enfin, s'il fallait absolument choisir entre ces deux exagérations, je n'hésiterais pas, je l'avoue, à préférer la simplicité trop simple à la profusion trop fastueuse. Surabondance de mots, pauvre richesse ! mais l'épithète surtout, quelle fatigue pour l'attention de saisir au vol ces couleurs entassées, de se reconnaître au milieu de ces qualifications à perte d'haleine, qui ne finissent que pour recommencer ! Supposons toutes ces épithètes fort justes ; mais si, l'une poussant l'autre, mon esprit n'a le temps de s'arrêter sur aucune et ne reçoit du tout qu'une impression confuse, à quoi bon cette justesse ? Qu'il vaut bien mieux imiter la prudence des avocats habiles ! entre dix arguments qu'ils pourraient faire valoir, ils en retiennent deux ou trois seulement, les meilleurs, qui gardent ainsi tout leur relief et marquent leur trace. C'est un principe essentiel de l'art d'écrire, qu'il ne faut pas perdre ses coups. C'est ce que font pourtant les malheureux discoureurs et auteurs qui ont contracté l'habitude de ne pas risquer un substantif sans l'accompagnement obligé d'un adjectif. Certains, hélas ! doublent l'escorte, d'autres même se font un devoir de la tripler ! Quel lecteur les suivrait sans distraction au delà de leur première page ?

Donc, madame, dans les rédactions de vos filles,

faites la guerre, non aux épithètes, mais à l'excès, à l'habitude routinière des épithètes, et vous-même, ne vous laissez pas surprendre par l'espèce de charme poétique et musical qu'elles donnent à la phrase, charme décevant, charme de la première minute, qui, en se prolongeant, a procuré à plus d'un orateur le silence et la froideur, là où il avait compté sur des applaudissements.

A propos de l'usage à faire des épithètes, je prends sur moi de vous recommander la distinction à la fois théorique et pratique que voici. Le propre de l'épithète étant, en quelque sorte, de spécifier le substantif par la couleur ou l'ornement qu'elle y ajoute, il est naturel qu'elle le précède ; tandis que l'adjectif dont le sens est de nécessité vient naturellement après, comme à la suite d'un verbe sous-entendu, qui affirmerait sa convenance: Rigoureusement, un *épais* brouillard est une sorte de brouillard ; un brouillard *épais* est un brouillard que l'on qualifie expressément d'épais, parce que cette circonstance est essentielle au sens de la phrase. Sur ce principe, je dirais : Un épais brouillard couvrait la campagne, et : Un brouillard épais (sous-entendu *qui était*) nous empêchait de voir à deux pas devant nous. De cette théorie, il suivrait qu'il n'est pas indifférent de placer les adjectifs avant ou après leur substantif, et que la délicatesse de l'expression, comme la précision du sens, gagnerait beaucoup si cette distinction était observée à propos. Je dis à propos, parce que, dans beaucoup de cas, elle est sans importance, et qu'en d'autres cas nombreux aussi, l'oreille, comme l'imagination, assigne à l'adjectif la place qui lui convient le mieux. Par exemple, j'avoue que, dans les phrases ci-dessus, il serait assez indifférent qu'*épais* fût avant ou après brouillard,

> . . . . Pascal Zapatan,
> Ou Zapatan Pascal, car il n'importe guère
> Que Pascal soit devant ou Pascal derrière.

Toujours est-il que le principe est bon en soi, et fournit à l'écrivain un moyen de variété réel et fort précieux. Je me bornerai ici à quelques exemples, moins pour établir ma petite théorie que pour l'expliquer et vous en indiquer l'usage.

Un prosateur a écrit : « La puissance humaine agit par des moyens, la puissance divine agit par elle-même, » et non l'*humaine* puissance ni la *divine* puissance; le même a dit plus loin : « En méditant « sur la nature de l'homme, j'y crus découvrir deux « principes distincts, dont l'un élevait à l'étude des « vérités éternelles (et non des éternelles vérités), à « l'amour de la justice, etc... » Rousseau, car c'est

lui que je cite, traçant le tableau poétique qui doit
servir de cadre à l'entretien solennel d'où ces phrases
sont tirées, tourne au contraire en épithètes et place
avant leur substantif tous les adjectifs qu'il emploie :
« Le bon ecclésiastique me mena hors de la ville, sur
« une haute colline, au-dessous de laquelle passait le
« Pô, dont on voyait le cours à travers les fertiles
« rives qu'il baigne ; dans l'éloignement, l'immense
« chaîne des Alpes couronnait le paysage, etc..... »
Les *fertiles rives* est plus poétique que les *rives
fertiles*. Ainsi placé, l'adjectif a je ne sais quelle grâce
harmonieuse qui a conduit un charmant prosateur de
ma connaissance à placer habituellement ses adjectifs
avant les substantifs, d'où est résulté un peu de manière. Et pourtant des écrivains qu'on n'accusera pas
de manquer d'imagination et de grandeur font très-
bien et habituellement la distinction que je vous ai
signalée. Pour prendre les premiers exemples venus,
Bossuet écrit : « Cet empire formidable (et non ce formi-
« dable empire) qu'Alexandre avait conquis ne dura
« pas plus longtemps que sa vie, qui fut courte ; » et
l'auteur des *Martyrs* : « Régulus, conduit à Carthage,
« éprouva les traitements les plus inhumains (et non
« les plus inhumains traitements) ; on lui fit expier
« les durs triomphes de sa patrie. »

De toutes les qualités que peut offrir le bon style,

la simplicité est aujourd'hui la plus rare, comme elle est la moins prisée. La prose poétique et oratoire créée par M. de Chateaubriand de l'essence même de nos écrivains les plus éloquents ou les plus pittoresques, a envahi peu à peu, depuis cinquante ans, tous les genres de composition, et particulièrement la langue des journaux ; si bien que le goût du public, habitué à ce langage sonore et coloré, trouve froid ce qui est simple, et que la critique elle-même ne peut s'empêcher de traiter de style sans éclat un style qui ne fait pas de tapage. Les maîtres, heureusement, ne se laissent point aller à cet entraînement du goût général, et la belle langue étoffée, mais unie, du XVIIe siècle, qui a servi à tant d'œuvres excellentes, est encore pour eux le modèle auquel ils regardent pour donner à la claire expression de leur pensée de la solidité, de la souplesse, une élégance grave ou familière, selon les sujets, enfin une délicate simplicité.

Délicate, ai-je dit. Est-il besoin d'ajouter que la délicatesse, comme la finesse, est avant tout une qualité de l'esprit dont le style reçoit l'empreinte, mais qu'il ne saurait créer ? Elle est le cachet de la vraie distinction, de la distinction naturelle, qu'il ne faut pas confondre avec la distinction acquise, celle que donnent l'usage du monde, l'habitude de la bonne société. On

est allé jusqu'à dire : « La délicatesse et la finesse
« sont seules les véritables indices du talent. Tout
« s'imite, la force, la gravité, la véhémence, la légè-
« reté même ; mais la finesse et la délicatesse ne
« peuvent être longtemps contrefaites. » Admettons
que cela soit bien outré, il restera toujours vrai que
c'est par cette qualité charmante, par la délicatesse de
leur esprit et de leur style, que tant de femmes ont
été et seront écrivains sans le savoir et sans l'avoir
su, et que quelques pages dénuées de prétention
écrites par des gens du monde, qui ne songeaient pas
à être auteurs, ont pris place parmi les œuvres qui restent. *Le Lépreux de la cité d'Aoste*, écrit en Russie, par
un officier savoyard, pour prouver à une belle dame
qu'il savait quelquefois ne pas badiner, est un de ces
chefs-d'œuvre que le souffle d'une âme délicate a fait
naître à lui seul et fera vivre toujours.

LETTRE TREIZIÈME

Mon Dieu, oui, madame, vous avez dit vrai; ce seraient chansons que toutes ces règles, distinctions et maximes, dont je viens de vous indiquer l'essence, si l'élève n'était jamais appelé à en vérifier, pour son propre usage, la justesse et l'utilité ; mais le courant de la vie la plus simple en offre mainte occasion, et il est toujours aisé d'en faire naître. C'en est une toute trouvée déjà que la correspondance, car quelle jeune personne n'a par-ci par-là, une lettre à écrire ? Que si vous ne vous souciez pas que vos filles soient en commerce réglé de lettres avec des amies, faites d'elles les secrétaires de vos commandements, et prenez occasion des billets que peuvent nécessiter vos affaires domestiques, les relations de famille, d'amitié ou de voisinage, pour leur mettre la plume à la main. Si peu de choses positives que l'on ait à dire, ce peu, exigez qu'on ·l'exprime clairement, nettement, avec ordre et, au besoin, avec goût. C'est par les riens de tous les jours que l'on donne les bons plis, que l'on forme les bonnes habitudes du jugement.

A cette fin, madame, vous ne souffrirez dans un billet écrit de votre part, même pour les objets les plus vulgaires, ni une incorrection trop forte, ni les à peu près paresseux, ni les mots qui ne conviennent pas. Ce dernier point est important; aussi, pour peu qu'il y ait lieu à une leçon de ce genre, apprenez à vos aimables secrétaires à tenir compte, dans le choix de leurs expressions, de la personnne à qui elles s'adressent, de son âge, de son caractère, comme aussi de la nature plus ou moins sérieuse ou badine des choses qu'elles ont à dire. Ce sera exercer leur goût, car le goût est-il autre chose que le sentiment de ce qui convient, que « ce tact délicat qui met chaque chose à sa place? » Le père de cette dernière définition disait en son style, à propos d'un ministre de l'empereur de Russie, Alexandre Ier, qui avait l'habitude de glisser des textes bibliques dans des actes purement administratifs : « Le vin de Tokai est excellent, sans doute, cependant on n'en met jamais dans la soupe. » Ce mot sensé proscrit toutes les gravités comme toutes les gaietés déplacées ; prenez-en note, mais souvenez-vous aussi, chère madame, qu'une lettre, à plus forte raison un simple billet, ne doit pas être une pièce de littérature. Gardez-vous bien d'en donner à vos filles une pareille idée ; qu'elles comprennent que vos critiques, vos conseils, vos corrections n'ont d'autre but que d'exercer leur plume et leur goût ; et ce que vous aurez fait quelquefois avec elles et pour elles, soyez sûre qu'elles le feront ensuite pour leur propre compte, sans que vous vous en mêliez ; leur attention une fois éveillée ne s'endormira plus, car ce genre de soin n'est pas sans plaisir pour l'esprit.

Un texte excellent pour ces sortes de leçons, ce serait la correspondance familière entre jeunes filles, si l'on ne se faisait scrupule de les gêner dans l'effusion d'un babil sans conséquence. Combien d'observations utiles la maman ne trouverait-elle pas à placer ! Sur la foi de ce vieil adage, que d'abondance du cœur la bouche parle, toute jeune fille écrivant à son amie *intime* se persuade qu'elle n'en aura jamais dit assez. Elle admire complaisamment l'étendue de son amitié dans le nombre des pages que sa plume a tracées, et prend pour de l'effusion un papotage illisible. Un peu d'application à bien dire, c'est-à-dire à s'exprimer avec justesse, aurait bientôt raison de cette illusion stérile. J'ai entendu, il y a quelque temps, sans écouter aux portes, le petit dialogue suivant entre une mère et sa fille :

—Mère, si tu le permets, je vais écrire à Adèle.

—Je le veux bien ; mais tu lui as écrit il y a trois jours, qu'as-tu donc à lui dire de nouveau?

—Oh! maman, mille choses.

—Dis m'en une, je te tiens quitte des autres.

—Eh mais, d'abord, que je l'aime beaucoup.

—Oh! ceci n'est pas nouveau. Je pense que tu as déjà pris soin de le lui dire.

—Que je pense continuellement à elle.

—Continuellement! en es-tu bien sûre?

—Enfin, c'est une manière de parler.

—Oui, de parler sans vérité. C'est comme cela souvent qu'on se tire d'affaire : par des exagérations cousines peu éloignées du mensonge ; mais quoi! c'est une manière de parler, et tout est dit. Il n'y a qu'une manière de parler, mon enfant, c'est de parler avec sincérité ; comme cela, on n'exagère point, on n'y songe seulement pas. Et moi, je suis sûre qu'Adèle sera bien plus touchée, si tu lui dis quand et à quels sujets tu penses à elle, que de ton *continuellement*, qui ne sera aussi pour elle qu'une manière de parler.

Mademoiselle Hélène, avec une certaine intention que je devine à l'accent :

—Oh ! maman, on sait que tu n'aimes pas les hyperboles.

—Je n'aime pas... ouvre donc cette grande boîte.

—Elle est vide.

—Comme tous ces grands mots que vous avez toujours à la bouche, vous autres petites filles.

—Mère, je me souviendrai de la boîte ; mais me voilà découragée, il me semble que je ne saurai plus que dire à Adèle.

—C'est qu'alors tu n'avais plus rien à lui dire, ou plutôt, ma chère enfant, c'est que tu cherches à côté. Et cette course que nous avons faite avec nos amis, la veille de leur départ, et le charmant pays que nous avons vu, que nous ne connaissions pas encore, et les incidents de la journée, et le déjeuner sous les bois, et la gaieté des convives, l'entrain et le babil d'une certaine jeune personne qui oublia toute la journée de penser *continuellement* à son amie ?

—Que tu es méchante, petite mère ! mais c'est égal, tu m'as donné une bonne idée et j'essayerai.

—Essaye... de bonne foi ; je ne t'en demande pas

davantage, et pour le reste, pas de verbiage, voilà tout. Courage et bonne veine, chère enfant. »

Cette petite leçon m'a paru judicieuse ; ne croyez-vous pas que la petite personne qui pensait, en écoutant sa mère, que sa lettre serait bien froide, se sera avoué, la lettre terminée, que c'était tout le contraire? Les choses, dans une lettre, si peu qu'il y en ait, ont plus de chaleur que les mots et donnent à ceux-ci toute celle qu'ils peuvent avoir.

Mais l'on n'a pas toujours à point une lettre à faire écrire. Il faut suppléer aux occasions, par de petits exercices de composition, en profitant, pour le choix des sujets, des circonstances qui se présentent. Ainsi, notre jeune mère de tout à l'heure, aurait fort bien pu donner à sa fille, pour sujet à traiter, le récit détaillé de cette journée champêtre. Il en serait de même d'une conversation instructive ou plaisante, que l'on aurait entendue; d'un fait historique rappelé à table en causant; d'un lieu à décrire. Et enfin, lorsque le jugement de la jeune fille sera plus ferme, son intelligence plus cultivée, on pourra aborder des sujets de réflexion.

Voyons maintenant, madame, par quelles recommandations pratiques vous pourrez diriger vos élèves dans leurs exercices de composition, soit qu'elles aient un fait à raconter, ou des objets à décrire, soit que l'occasion se présente d'exposer avec suite des idées ou d'exprimer des sentiments, ce qui est tout le cercle où, en définitive, leur jeune intelligence peut avoir à se déployer...

Chacun des genres de composition qu'embrasse la littérature dans son vaste domaine obéit à de certaines règles naturelles ou convenues, qui le distinguent des autres genres. Ce n'est point de ces règles là que je voudrais parler aujourd'hui, mais de ces règles générales que l'art d'écrire puise dans le bon sens, et qu'il ne faut pas plus négliger dans une composition de quatre pages, que dans un ouvrage en quatre volumes. Qu'il s'agisse de raconter la campagne de Russie, ou une excursion en famille à la vallée de Chamounix ; de décrire les forêts vierges du nouveau monde ou la forêt de Fontainebleau, les rives du Meschacebé ou le ruisseau qui traverse votre village ; — qu'une jeune femme cherche à fixer dans une page intime le souvenir des sentiments excités en elle par le spectacle d'une nuit sereine ou la lecture d'un beau livre ; qu'elle veuille faire partager à une amie les motifs d'une résolution, les raisons de ses préférences ;—ou bien qu'un orateur sacré cherche à peindre les grandes pensées qui s'élèvent dans son âme à la vue des merveilles de la nature ; que l'avocat ait à défendre sa cause, un critique les principes de l'art, le philosophe ses systèmes ; — le modeste essai que personne ne verra et l'œuvre imposante destinée au public sont soumis, proportions gardées, aux mêmes règles générales de l'art d'écrire. Dans l'un comme dans l'autre, il faut de l'ordre, il faut du choix, il faut de la mesure ; là où il est à propos de raisonner, il faut un raisonnement juste et une méthode judicieuse ; enfin, dans l'un comme dans l'autre, il faut que le ton convienne au sujet, que le style soit approprié à la pensée.

Nous renfermant, selon votre vœu, dans les humbles limites des exercices de composition dont nous avons uniquement affaire, causons d'abord, si vous le voulez bien, du récit et de la description.

Raconter et décrire sont choses analogues ; le récit présente une succession de faits, la description une succession d'objets ; le mieux, pour tous deux, c'est de les faire cheminer ensemble. Convenons seulement que la description surtout trouve son compte à ne pas marcher seule ; le récit fait circuler la vie dans ses tableaux qui, réduits à eux-mêmes, si admirables qu'ils fussent, seraient bientôt froids. Les relations de voyages les plus intéressantes sont celles où le voyageur vous met de moitié dans les petits événements de sa journée, et semble encore raconter lorsqu'il peint. Ainsi procède l'auteur des *Voyages dans les Alpes*. Les études, comme on dit en peinture, d'après lesquelles de Saussure a décrit les montagnes et raconté ses voyages, c'étaient ses lettres journalières à sa femme.

Pour les parties de récit, recommandez à vos élèves de retracer d'abord à leur mémoire toutes les circonstances du fait, et d'en noter avec détail sur le papier les particularités diverses; après quoi, elles feront leur choix dans cet inventaire, tout en mettant par avance quelque ordre dans ces légers matériaux.

Cette préparation est nécessaire; elle éveille l'esprit de l'élève, le rend attentif et, peu à peu, le captive, en sorte qu'au moment de commencer, le jeune écrivain ne se trouve pas en présence du vide, le regard perdu et la plume en l'air. Il sait où il va, ou du moins, où il veut aller; surtout il voit ce qu'il a à montrer, et il n'est rien de tel.

Cette petite opération préparatoire terminée, il faut trouver un commencement, introduire son sujet. En fait de narration, les plus courts débuts sont les meilleurs; le plus souvent, il n'en faut pas du tout, à moins qu'il ne s'agisse d'un récit historique qui tire son intérêt d'une situation générale. En pareil cas, une introduction est nécessaire, mais qu'elle soit brève. Un court épisode, au contraire, une anecdote se passent fort bien de tout exorde; le récit sera toujours plus intéressant que vos réflexions préliminaires. M. Mérimée, qui a été d'emblée un maitre dans l'art des récits dramatiques, à vingt ans, commençait ainsi son *Enlèvement de la redoute :* « Un militaire de mes amis, qui est mort de la fièvre en Grèce il y a quelques années, me conta un jour la première affaire à laquelle il avait assisté. Son récit me frappa tellement que je l'écrivis de mémoire aussitôt que j'en eus le loisir. Je rejoignis ce régiment le 4 septembre dernier, au soir. Je trouvai le colonel au bivouac, etc. » Un autre conteur charmant commence ainsi : « On vint dire un jour à Mgr Courtois de Quincey, évêque de Belley, qu'une asperge d'une grosseur merveilleuse pointait dans un des carrés de son jardin potager. A l'instant, toute la société se trouva portée sur les lieux pour vérifier le fait; car, dans les palais épiscopaux aussi on est charmé d'avoir quelque chose à faire, etc. »

Enfin le récit commence. L'élève n'a pas fait quatre pas qu'il se trouve aux prises à la fois avec la nécessité et la difficulté de varier les temps de ses verbes. Le *passé défini* est bien le temps narratif par excellence; mais quelle monotonie, si l'on n'en coupait par d'autres temps la succession prolongée! D'ailleurs (je vous l'ai dit à propos de la correction), il n'est régulièrement de mise que lorsque le fait à

raconter est déjà de l'histoire, c'est-à-dire suffisamment éloigné du temps où l'on parle, le goût dé-
cidant de cette suffisance, comme aussi de la convenance de substituer le passé indéfini au passé défini, *nous avons marché* à *nous marchâmes, elles ont
chanté* à *elles chantèrent,* etc.

Mais passé défini ou passé indéfini, l'un devient
aussi ennuyeux que l'autre à la durée; il faut donc
savoir à propos leur laisser reprendre haleine, soit
en mêlant la description au récit, soit en tournant
celui-ci, s'il est possible, en un tableau du passé, et
alors on se sert de l'imparfait, soit en représentant
les faits comme s'ils se passaient à l'instant sous nos
yeux, et alors on emploie le présent : « C'est en vain
qu'à travers les bois, avec sa cavalerie toute fraîche,
Beck précipite sa marche pour tomber sur nos soldats
épuisés, le prince l'a prévenu; les bataillons enfon-
cés demandent quartier, mais la victoire va devenir
plus terrible pour le duc d'Enghien que le combat. »
Ou encore de la même main et avec le même accent :
« Mais l'Empire et la Hollande se remuent contre un
conquérant qui menaçait tout le Nord de la servitude.
Pendant qu'il rassemble de nouvelles forces et médite
de nouveaux carnages, Dieu tonne du plus haut des
cieux; le redouté capitaine tombe au plus beau temps
de sa vie, et la Pologne est délivrée. »

J'ai pris ces exemples chez Bossuet, parce que l'emploi du présent à la place du passé est fréquent dans le récit oratoire ou poétique qu'il accélère et anime soudain. Nos tragédies, nos poëmes narratifs de toute espèce vous offrent aussi mille exemples de cette forme produisant des effets semblables. Ainsi :

> Le peuple s'épouvante et fuit de toutes parts.

ou :

> Hippolyte, lui seul, digne fils d'un héros,
> Arrête ses coursiers, saisit ses javelots.

Vous savez le reste.

La narration familière, comme en général toutes les narrations en forme, dont l'histoire, la mémoire ou l'imagination fournissent le sujet, admet au besoin la substitution du temps présent au temps passé. Il y a plus ; dans la conversation et la correspondance, non-seulement tous les temps sont à la disposition de celui qui raconte, mais, à moins de tomber dans une roideur déplaisante ou dans le ridicule, il doit user largement de cette facilité. Vous avez vu, par le récit du cousin Tupinières, ce qu'il en coûterait au narrateur mal avisé qui, dans un salon, raconterait l'anecdote d'hier au passé défini.

Ce n'est pas assez de varier l'emploi des temps, il

faut encore savoir tirer parti de cette diversité, pour rendre la narration plus claire et plus précise. Ouvrez une des lettres où madame de Sévigné raconte à ses amis la mort de Turenne, la lettre à M. de Grignan, par exemple, vous verrez dans la même phrase le présent, le passé, l'imparfait, le passé indéfini, et chacun se rapportant à un instant particulier de l'événement. C'est d'instinct ; tout cela n'est point calculé, mais n'en révèle que mieux les ressources et l'esprit de notre langue. Voici quelques passages du récit : « Cette nouvelle *arriva* lundi à Versailles ; le roi en *a été affligé* (*a été* parce qu'il l'est encore), comme on doit l'être de la perte du plus grand capitaine et du plus honnête homme du monde ; toute la cour *fut* en larmes (c'est passé), et M. de Condom *pensa* s'évanouir. On était prêt d'aller se divertir à Fontainebleau, tout *a été* rompu... (projets de la semaine). Je vous envoie une très-bonne relation de ce qu'il a fait les derniers jours de sa vie. (Il semble à madame de Sévigné que Turenne est encore là ; ces derniers jours, c'est hier). C'est après trois mois d'une conduite toute miraculeuse, et que les gens du métier ne se lassent point d'admirer, qu'*arrive* (contemplation) le dernier jour de sa gloire et de sa vie. Il avait le plaisir de voir décamper l'armée devant lui, et le 27, qui était un samedi, il alla (ici l'histoire reprend) sur une petite hauteur pour observer leur marche. Il avait dessein de donner sur l'arrière-garde et mandait au roi, etc... *Il cachette* sa lettre (le moment fatal approche) et *l'envoie* à dix heures. Il *va* sur cette petite colline avec huit ou dix personnes : on *tire* de loin à l'aventure un malheureux coup de canon qui le coupe par le milieu du corps, et vous pouvez penser les cris et les pleurs de cette armée. Le courrier part à l'instant; il arriva lundi, comme je vous l'ai dit, etc. »

LETTRE QUATORZIÈME

Bien conter et bien raconter.—Modèles qui ont besoin de repos ; les remplacer par des modèles courants et familiers.—
Mme de Sévigné aux États de Bretagne. — Un petit Pichon.
—Descriptions. — Exactitude et vérité. — Un tableau de
Chardin.—Les longues descriptions ne sont pas de mise
dans la correspondance familière.—S'exercer à décrire est
utile.—Ne pas se borner aux descriptions de la nature.—
Les bûches de R. Topffer.—Traits heureux qui dispensent
de longuement décrire.

Rien n'est plus agréable et plus français qu'un bon
conte ; la France fut de tout temps la patrie heureuse
des bons conteurs, et la race n'en est pas perdue. Par
un conte, j'entends une courte histoire, moitié vérité,
moitié fiction, brodée par l'imagination, ornée par
l'esprit, inspirée enfin par la dixième muse du Par-
nasse français, la malice. Nos fabliaux du moyen âge
sont là pour attester combien sont de vieille date, en
ce pays, et la chose et le goût de la chose. La brièveté, le trait, la bonne humeur, et, sans préjudice du
reste, ce je ne sais quoi qu'on appelle le bien troussé,

en sont les conditions distinctives. Hors la brièveté, qui est à la portée de tout le monde, ces facilités-là ne sont guère de commande, et en conscience, madame, vous ne pouvez exiger de vos filles qu'elles content bien, ni même qu'elles content, avant que les fées conteuses, qui ne visitent volontiers que les femmes mûres, les aient touchées de leur baguette.

Si bien conter est un don, en compensation bien raconter peut s'acquérir. Je ne parle pas ici du récit de l'historien ; c'est tout un art dont il sera temps de nous occuper, si plus tard nous abordons l'examen des genres littéraires ; mais chacun, dans la conversation, dans les entretiens de tous les jours, dans la correspondance la plus familière, peut être appelé à raconter ce qu'il sait, ce qu'on lui a dit, ce qu'il a vu, et chacun doit tâcher de s'en tirer le moins mal possible. En ces mille occasions, c'est déjà assez bien raconter que de raconter clairement et sobrement ; loisible à vous de joindre à ce nécessaire le luxe d'un récit spirituel, pittoresque, dramatique ; mais c'est un si grand supplice que d'entendre ânonner longuement, péniblement, un récit embrouillé que (j'insiste), pourvu que vous racontiez sans hésitation et prestement, on vous tient quitte du reste. Aussi bien, ces conditions élémentaires de toute narration passable n'excluent-elles ni l'intérêt, ce qui est le point suffisant, ni la vie, ni le feu, ni le mot pour rire, ni le mot touchant, c'est-à-dire rien de ce qui fait un récit agréable.

On peut, on doit s'exercer à ne pas raconter d'une manière prolixe et diffuse. A cette fin, madame, habituez vos élèves, dans leurs narrations écrites ou parlées, à supprimer des détails dont l'auditoire ou le lecteur supposé n'a que faire ; à ne laisser jamais s'échapper de leurs mains la chaîne des faits, à revenir le moins possible sur leurs pas, enfin à ne point abuser des parenthèses. Exceptez de la défense les gentils ornements, le récit familier en est susceptible ; un tour gracieux donne du prix à des détails ordinaires, à une condition pourtant, c'est qu'il ne paraisse point cherché. La gentillesse est charmante, mais elle ne consiste pas à dire toutes choses avec l'air plaisant et la bouche en cœur.

Nos épistolaires français sont semés de charmants modèles en cette sorte d'agrément rapide et léger. Quelques-uns de ces morceaux ont le malheur d'être classés au nombre des pages célèbres que, en leur qualité d'immortels chefs-d'œuvre, la jeunesse est tenue d'admirer et de lire dans un recueillement respectueux. Vous demandez ce qu'il y a de malheureux à cela? C'est que, comme on s'ennuie presque toujours (la remarque est de La Rochefoucauld) avec les gens avec qui il n'est pas permis de s'ennuyer, le jeune lecteur prend souvent en guignon ces pièces *admirables* qui l'auraient enchanté, lues plus tard, en leur place et dans leur jour vrai.

Dispensez-vous donc, par prudence, de proposer à votre auditoire, pour modèles du style épistolaire, la nouvelle étonnante, la grande nouvelle du mariage de la grande Mademoiselle, la mort de Turenne, celle de Vatel, etc. Je n'indiquerai pas non plus l'histoire du télescope de saint Germain, racontée par madame de Maintenon, ni même l'amusante aventure de P.-L. Courier chez les charbonniers en Calabre, quoique ce soient, chacune en leur genre, des narrations achevées. Aussi bien, ce n'est pas tant la perfection de ces morceaux rares, qui est profitable à étudier chez nos épistolaires, que le récit qui court au travers de leurs lettres, les réflexions coupant et renouant ce fil léger sans nul effort. Les lettres de madame de Sévigné sont-elles autre chose que le récit avec commentaire, de la manière dont elle a passé ses journées, des voyages, des visites qui les ont remplies, des grands et petits événements dont il est bruit à la cour et à la ville ? c'est tout cela justement qui peut servir de leçon utile, car tout cela est raconté d'un trait, sans longueurs ni détails superflus, vivement, pittoresquement, juste ce qu'il faut pour faire voir les choses et amuser, amuser sa fille, pensez-y, madame de Grignan, l'impatience et le dédain même, dont elle connaissait l'aversion déclarée pour les narrations.

A ce propos, chère madame, il doit être bien entendu que, lorsque je vous parle de prendre leçon de madame de Sévigné, et je l'ai déjà fait quelquefois, il ne s'agit pas de lui prendre son esprit, chose subtile qui échappe aux prises, ni d'imiter sa manière de présenter les choses, qui tenait à la manière de penser et de sentir que la nature et son siècle lui avaient faite; je veux dire simplement que le plaisir que l'on ressent à la lecture du charmant écrivain nous avertit du prix de certaines qualités positives de style et nous conseille de les rechercher. Si madame de Sévigné, qui raconte si bien, raconte à peu de frais, n'est-il pas permis d'en conclure qu'un récit n'a pas besoin d'être circonstancié pour être pittoresque, d'être d'un amusement folâtre pour être vivant, naturel et tout charmant?

Sous le bénéfice de cette observation, permettez-moi, madame, de recueillir dans les lettres de la marquise et d'autres épistolaires quelques exemples de ces récits courants et sans apprêt dont nous parlons.

Madame de Sévigné n'est jamais plus complétement elle-même qu'aux Rochers, dans cette terre de

Bretagne, où elle se retirait quelquefois. C'est là que, réduite à raconter sa vie tranquille et ses Bretons, elle a le plus souvent trouvé sous sa plume ces récits à la volée dont on peut faire son profit. Voici un dîner à Vitré : « Je partis lundi de cette bonne ville, après avoir dîné chez M. de Chaulnes (M. de Chaulnes, gouverneur de la province, tenait alors pour le roi les États de Bretagne); toute la Bretagne était ivre ce jour-là. Nous avons dîné à part. Quarante gentilshommes avaient dîné en bas et avaient bu quarante santés : celle du roi avait été la première, et tous les verres cassés après l'avoir bue ; le prétexte était une joie et une reconnaissance extrême de 100,000 écus que le roi a donnés à la province sur le présent qu'on lui a fait. Le roi a écrit de sa propre main mille bontés pour sa province de Bretagne. Le gouverneur a lu la lettre aux États; après en avoir demandé la copie pour l'enregistrer, il s'est élevé un cri jusqu'au ciel de *Vive le roi!* et ensuite, on s'est mis à boire, mais à boire! Dieu sait! »

Voulez-vous une visite de la gouvernante aux Rochers, vous verrez que la marquise appelle les choses par leur nom : « Madame de Chaulnes, mademoiselle de Murinais, etc., vinrent ici jeudi. Madame de Chaulnes entra en me disant qu'elle ne pouvait être plus longtemps sans me voir; que toute la Bretagne lui pesait sur les épaules, et qu'enfin elle se mourait. Là-dessus elle se jette sur mon lit; on se met autour d'elle, et en un moment la voilà endormie de fatigue : nous causons toujours; enfin elle se réveille, trouvant plaisante et adorable l'aimable liberté des Rochers. Nous allâmes nous promener, nous nous assîmes dans le fond de ces bois. Pendant que les autres jouaient au mail, je lui faisais conter Rome, et par quelle aventure elle avait épousé M. de Chaulnes, car je cherche toujours à ne me point ennuyer. Pendant que nous en étions là, voilà une pluie traîtresse, comme une fois à Livry, qui, sans se faire craindre, se met d'abord à nous noyer, mais noyer à faire couler l'eau de partout nos habits. Les feuilles furent percées dans un moment, et nos habits percés dans un autre moment. Nous voilà toutes à courir, on crie, on tombe, on glisse; enfin on arrive, on fait grand feu; on change de chemise, de jupe; je fournis à tout; on se fait essuyer ses souliers; on pâme de rire. Voilà comme fut traitée la gouvernante de Bretagne dans son propre gouvernement. Après cela, on fit une jolie collation, et puis cette pauvre femme s'en retourna plus fâchée sans doute du rôle ennuyeux qu'elle allait reprendre, que de l'affront qu'elle a reçu ici. Elle me fit promettre de vous mander cette aventure..., etc. »

Voici qui est d'un autre genre. C'est mademoiselle du

Plessis mise en scène, mademoiselle du Plessis, une habituée des Rochers, où ses ridicules, ses exagérations sans fin faisaient le désespoir et l'amusement de madame de Sévigné, qui ne laissait pas de l'aimer pour son bon cœur : « Mademoiselle du Plessis nous honore souvent de sa présence. Elle disait hier qu'en basse Bretagne on faisait une chère admirable, et qu'aux noces de sa belle-sœur on avait mangé pour un jour douze cents pièces de rôti. A cette exagération, nous demeurâmes tous comme des gens de pierre. Je pris courage et lui dis : « Mademoiselle, pensez-y bien, n'est-ce point douze pièces de rôti que vous voulez dire? On se trompe quelquefois. — Non, madame, c'est douze cents pièces ou onze cents, je ne veux pas vous assurer si c'est onze ou douze, de peur de mentir, mais enfin je sais bien que c'est l'un ou l'autre, et le répéta vingt fois, et n'en voulut jamais rabattre un seul poulet. Nous trouvâmes qu'il fallait qu'ils fussent du moins trois cents piqueurs pour piquer menu, et que le lieu fût une grande prairie où l'on eût tendu des tentes, et que s'ils n'eussent été que cinquante, il eût fallu qu'ils eussent commencé un mois devant. Ce propos de table était bon; vous en auriez été contente. N'avez-vous point quelque exagéreuse comme celle-là? » Notez *exagéreuse*. Comme *exagératrice* ferait bien !

Voltaire, dans ses lettres, raconte autrement ; son esprit ardent, occupé d'affaires et de projets, n'est guère au passé, et s'il fait un retour de ce côté, ce n'est jamais pour bien longtemps ; mais que ce soit en arrière ou en avant, comme cela trotte ! « J'ai une grâce à vous demander, c'est pour les Pichon. Ces Pichon sont une race de femmes de chambre et de domestiques transplantée à Paris par Mme Denis et consorts. Une Pichon vient de mourir à Paris et laisse de petits Pichon. J'ai dit qu'on m'envoyât un Pichon de dix ans pour l'élever ; aussitôt un Pichon est parti pour Lyon. Ce pauvre petit arrive, je ne sais comment, il est à la garde de Dieu. Je vous prie de le prendre sous la vôtre. Cet enfant est ou va être transporté de Paris à Lyon par le coche ou par la charrette. Comment le savoir ? où le trouver ? J'apprends par une Pichon des Délices que ce petit est au panier de la diligence. Pour Dieu, daignez vous en informer ; envoyez-le-nous de panier en panier ; vous ferez une bonne œuvre. »

Encore une fois, il n'est pas question pour le commun des martyrs, particulièrement des martyrs en herbe, de conter les choses si plaisamment et avec cette légèreté élégante ; mais il y a pour chacun un moyen d'agréer toujours, beaucoup plus sûr que de faire mal du mauvais Voltaire, c'est d'aller au but tout bonnement, et de ne mettre en dehors que ce qui est bien à nous.

Pour les parties de description, même méthode que pour les parties de récit, même marche à suivre : ramener d'abord sous les yeux de son esprit les traits du tableau que l'on se propose de peindre ou simplement de l'objet à décrire ; entre ces traits, choisir les plus parlants, ceux qui déterminent la physionomie et qui peuvent le mieux diriger l'imagination du lecteur ou l'intéresser en quelque degré. Le vrai, sans doute, est ce qu'il peut, et je suis bien d'avis qu'il ne faut pas chercher à l'embellir par un mensonge flatteur, on arriverait bien vite au faux et au fade. Mais le vrai n'est pas beau et intéressant, naïf ou touchant parce qu'il est vrai ; il n'est souvent rien de tout cela. L'est-il ? nous n'avons alors qu'à le peindre le plus fidèlement possible. S'il est laid ou vulgaire, ou simplement insignifiant, à quoi bon le décrire ? A faire ressemblant ? Écoutez Charlet : « Je ne veux pas que dans mon portrait on me reconnaisse à une verrue ou à une lentille que j'aurai à la joue, non plus qu'à des grains de petite vérole horriblement et admirablement étudiés... Je n'aime pas la peinture vue de la sorte. »

Mon Dieu ! il ne faut pas l'Apollon du Belvédère ou la lumière du soleil d'Égypte pour charmer mon imagination, elle jouit à moins de frais. Un visage irrégulier, mais naïf, m'intéresse ; un site borné, sans grandes lignes, avec deux ou trois arbres respirant l'ombre et le silence ; quelque rustique intérieur que l'heureuse dégradation des teintes remplit d'une lumiè-re tranquille et harmonieuse, m'attirent et me retiennent ; mais ne prétendez pas que je trouve du plaisir à m'arrêter avec vous dans la contemplation d'un gazon pelé ou d'une rigole, d'un collet gras ou d'un tuyau rouillé. Il y a un tableau de Chardin qui représente une table, et sur cette table un verre d'eau à côté d'un pain frais de deux livres. Ce verre d'eau fait plaisir à voir parce qu'une eau limpide, fraîche, transparente, a quelque chose qui réjouit la vue, et que celle-là est rendue avec une vérité merveilleuse ; le pain avec sa croûte dorée ne peut plus s'oublier quand on l'a vu ; il vous révèle les trésors de couleur chaude et gaie que peut offrir une miche de beau froment cuite à point. Mais tout à côté est un morceau de fromage enveloppé d'un gros papier à sucre gris bleu, contenu par une ficelle. Le papier est d'une vérité frappante comme le reste, mais sans charme ; cela ne vous dit rien, ne vous apprend rien, ne réjouit ni le regard, ni l'esprit. Preuve que dans les arts toute réalité n'est pas bonne à peindre ; de même qu'en littérature toute vérité n'est pas bonne à dire : il y a un choix.

Mais revenons, car je me suis beaucoup écarté. En effet, la description n'est pas, autant que le récit, de nécessité courante ; sa place naturelle est dans les livres où elle a de l'espace pour se déployer. Le train alerte de la conversation, la vivacité du style épistolaire qui court sans s'arrêter, rejettent les descriptions étudiées. Vous m'objecterez la belle description de Rome dans la lettre de M. de Chateaubriand à M. de Fontanes ; j'y ajouterai moi les pittoresques descriptions de la Calabre dans certaines lettres de Paul-Louis Courier ; mais ces exceptions prouvent seulement que, cadre pour cadre, le cadre épistolaire convient aussi bien qu'un autre, mieux qu'un autre à la description des tableaux d'une vérité poétique... Allons, je recommence à oublier que nous ne sommes point auteurs à M... Les lettres qu'on écrit chez vous sont comme les lettres de tout le monde, consacrées à de bien autres soins que celui de tracer des tableaux étudiés. Une bonne description est bonne ; mais, après tout, nos amis, lorsque nous leur écrivons, aiment assez que nous remplissions la page de choses plus substantielles.

La correspondance familière n'admet donc que de rapides esquisses touchées comme en passant et tout au plus relevées de quelques coups de pinceau. Il est vrai que ce serait assez pour faire apparaître soudain devant les yeux du lecteur un tableau d'agréable couleur et saisissant de vérité, mais on n'en demande pas tant aux bouts de descriptions que nous avons l'occasion de loger dans nos lettres et de glisser dans notre causerie.

Toutefois, et même pour si peu, il est utile de s'être quelquefois exercé à décrire d'après nature. Que dans leurs essais de ce genre, vos élèves s'appliquent simplement à rendre avec netteté les objets qu'elles veulent rendre; en ne leur permettant point les peintures vagues, vous les obligerez à ouvrir les yeux de leur intelligence, en d'autres termes, à observer. Pour cet exercice salutaire, peu de sujets seraient à rejeter. Il n'y a pas que la nature à décrire; les incidents de la vie quotidienne, une simple promenade peuvent fournir matière à telle description qui, pour être très-exacte, n'en serait pas moins susceptible d'agrément. R. Topffer, en je ne sais plus quel endroit des journaux familiers qui sont l'origine des *Voyages en zigzag*, arrivant avec sa troupe sur les bords du Rhône, à l'époque du flottage des bois, s'amuse à peindre avec délices le spectacle assurément peu pittoresque par lui-même de toutes ces bûches descendant le courant à la dérive : « Le fleuve est couvert de tronçons qui descendent, d'autres qui s'arrêtent sur le sable des îles, d'une foule qui s'entassent contre

les jetées, ou qui s'alignent le long des deux rives,
comme pour voir passer. C'est là, pour des gens qui
flânent, un spectacle merveilleusement récréatif.
Tous ces tronçons, en effet, ont leurs allures propres,
leur physionomie, leur caractère : les uns bêtes
comme des bûches, les autres vifs et agiles, aucuns
qui, sous un air lourdaud, sont lestes et madrés; en
sorte que, au bout d'un moment, l'illusion est suffisante, comique, amusante au non plus, et nous voilà
tous alignés sur le pont de Chessel pour voir passer
aussi. Mais ce qui achève de rendre le spectacle dramatique, c'est, contre la pile du pont, une nombreuse
société d'honnêtes tronçons qui font tous leurs efforts
pour s'y maintenir; on voit des grêles qui s'attachent
aux gros, et des gros qui pèsent sur les grêles, pendant que des équivoques dévalisent les submergés. A
chaque instant arrive, avec le courant, tantôt un
butor qui effraye de son choc tous ces braves gens,
tantôt un amateur qui passe outre, après les avoir
flairés, ou bien un homme sensible qui s'y choisit
un ami, et tous deux s'en vont de compagnie jusqu'au
Boveret, pour s'y faire scier le dos et fendre en
quatre. »

Il n'est pas inutile de voir comment font les habiles.
Pour les spectacles de la nature, les bons modèles ne
manquent pas, la littérature du dernier siècle et du

commencement de celui-ci nous en offrent d'excellents. Nos paysagistes contemporains, j'entends nos paysagistes littéraires, sont plus coloristes, ou, pour mieux parler, leur couleur est bien autrement riche, a bien autrement d'éclat, elle fait sortir les objets de la toile ; mais un défaut qui leur est commun à la plupart, c'est que, dans leurs descriptions, tout est au premier plan ; on dirait que les objets viennent les uns après les autres se placer sous le jour splendide de leur fenêtre d'atelier et se faire peindre comme des portraits. Leurs tableaux manquent de perspective et de cette harmonie tranquille que donnent les plans successifs et les lointains. C'est pour cela que je ne vous les indique pas comme des modèles à accrocher aux murailles de votre petit atelier de là-bas. Ce luxe descriptif, à la mode aujourd'hui, a fait remplir une si énorme quantité de papier de descriptions insipides, qu'il n'est pas à encourager. Contentez-vous de chercher pour votre jeune monde des exemples à étudier dans les *Études de la nature* de Bernardin de Saint-Pierre, même dans les œuvres de Chateaubriand, son disciple, dans les voyages de de Saussure et dans ceux de Topffer. Faites-leur remarquer que ces écrivains, dans leurs descriptions de caractères si divers, ne s'épuisent point du tout en exclamations admiratives et ne font pas leur palette avec des épithètes ;

11

ils montrent avec fidélité les objets comme ils les ont vus, et leur exactitude à représenter les choses qui les ont frappés produit sur nous qui les lisons l'impression qu'eux-mêmes ont éprouvée.

Enfin, après ces leçons de description comparée, dites-leur que vous ne leur demandez ni du Bernardin de Saint-Pierre, ni du Chateaubriand, mais une description aussi exacte qu'il leur sera possible, sobre d'épithètes et dont les détails bien choisis concourent à donner une idée juste de l'ensemble, et non une idée favorable de leur esprit et de leurs facultés admiratives. Puis, madame, si, dans la sincérité de leur impression, il leur arrive de trouver deux ou trois de ces mots heureux qui parlent vraiment à l'imagination, laissez l'approbation souriante paraître sur vos lèvres. Ce n'est pas le nombre des lignes qui fait la peinture. Quatre lignes comme celles-ci pour peindre le printemps : « Nous avons été nous promener chez Faverole, à Issy, où les rossignols, l'épine blanche, les lilas, les fontaines et le beau temps nous ont donné tous les plaisirs innocents qu'on peut avoir, » ou ceci qui est plus bref encore : « Je vins ici, où je trouvai tout le triomphe du mois de mai : le rossignol, le coucou, la fauvette,

Dans nos forêts ont ouvert le printemps; »

ces quelques mots encore pour peindre des bois que l'on revoit avec attendrissement : « J'ai trouvé ces bois d'une beauté et d'une tristesse extraordinaires; » enfin cette autre peinture, d'un genre analogue : « Une grande solitude, un grand silence, un office triste, des ténèbres chantées avec dévotion, un jeûne canonique et une beauté dans ces jardins dont vous seriez charmée; tout cela m'a plu. » Ces simples traits et ces quelques coups de pinceau valent bien une description détaillée. Un grand tableau vous en dirait-il davantage?

Ce que je viens de vous dire ne concerne que la description des choses; quant à la description des personnes, il n'en sera point du tout question, si vous le permettez; elle appartient à un domaine où vous n'êtes assurément point pressée d'introduire vos aimables filles. La peinture des hommes est du ressort des moralistes, et moraliste, on ne l'est pas avant que l'âge ou l'expérience vous ait mis sur le nez les lunettes qui font lire de plus près dans le cœur du prochain. Inutile de hâter ce moment; la médisance seule y gagnerait, car c'est à médire que l'on voit d'ordinaire les précoces observateurs du cœur humain employer leur jeune clairvoyance. Oh! jeunesse moqueuse!

LETTRE QUINZIÈME

Je ne puis me dissimuler, chère madame, que, dans
ma dernière lettre, à propos ou sous prétexte de narration et de description, j'ai excédé quelque peu les
limites de ma tâche présente par des échappées
dans le domaine de la littérature proprement dite.
Vous avez eu la politesse de ne pas vous en apercevoir ; mais soyez sans inquiétude, cela ne m'arrivera
plus. En vous parlant, comme je vais le faire, des sujets de réflexion (c'est le nom que je donne à défaut
d'un meilleur aux sujets de composition qui appellent l'élève soit à développer une idée, soit à exposer
des sentiments), si je m'avisais d'ouvrir la porte qui

donne sur le champ des œuvres littéraires où règnent le sentiment et la réflexion, je trouverais, s'étendant devant moi à perte de vue, toutes les sortes d'éloquences, depuis l'éloquence de la chaire jusqu'à l'éloquence académique, en passant par l'éloquence philosophique, l'éloquence politique et celle du palais, et enfin toutes les espèces diverses de composition qu'embrasse en son sein la prose didactique. Cette porte, je ne l'ouvrirai point; il serait inutile de l'ouvrir avant le temps; je me bornerai à quelques observations et prescriptions de bon sens.

La première qui se présente à mon esprit et que je vous recommande bien fort, c'est d'éviter de faire traiter par vos élèves des matières sur lesquelles elles ne sauraient avoir aucune idée par elles-mêmes, qui dépasseraient trop les limites actuelles de leurs connaissances, de leur expérience, comme aussi de leurs facultés; car ce serait les dispenser de réfléchir, d'observer, les autoriser enfin, pour tout dire, à remplacer le jugement par la mémoire et le style par un vain parlage. Inviter une jeune fille de quinze ans à montrer que l'étude est un plaisir, une ressource et une consolation, si l'étude n'a été encore pour elle rien de cela, c'est l'inviter à exprimer des idées en l'air, à assembler des mots convenus pour rappeler des phrases obligées. Rien de plus stérile. J'aimerais bien mieux qu'elle exprimât fidèlement et en bon français tout l'ennui que l'étude ou certaines études lui auraient fait jusqu'alors éprouver. Il y aurait profit à la fois pour sa plume et pour son jugement, que la réflexion ne manquerait pas de convertir chemin faisant à des dispositions plus saines. — A quarante ans, on peut méditer en connaissance de cause sur la ressemblance qui existe entre le cours de la vie et le cours d'un fleuve; mais si vous donnez sans sourciller à une fillette de douze ans la tâche de développer les traits de cette comparaison, à quelle dure et stérile besogne condamnerez-vous la pauvre enfant?

Je sais bien que vous pourriez suppléer à la difficulté, en indiquant à l'élève un certain nombre d'idées, de détails qu'elle aurait à exprimer sur le sujet proposé. Je n'aime pas beaucoup, pour les jeunes personnes, ces compositions dont on donne la matière : vous direz d'abord ceci, ensuite cela, et vous développerez telle conclusion. L'expédient est parfait pour apprendre à disserter bravement et méthodiquement, au pied levé, sur ce que l'on sait et ce que l'on ne sait pas. Dans nos lycées, cet art est enseigné avec un grand sérieux et beaucoup de talent. Les élèves forts y deviennent même si habiles, qu'après quelques années de cette gymnastique, ils sont capables de confectionner pour leurs camarades moins diligents, en une heure, et sur le premier thème venu, une pâtée suffisante de lieux communs convenablement accommodés et qu'ils appellent plaisamment entre eux un *laïus;* car ils ne sont point dupes de leur habileté et s'en moquent fort bien, quitte à en tirer parti plus tard au palais, à la tribune et ailleurs.

Je ne veux pas médire de cette méthode qui, sans aucun doute, à côté d'inconvénients graves, a l'avantage considérable de dresser les jeunes gens à distribuer prestement leurs idées dans les divisions d'un plan net et rapidement conçu. D'ailleurs les fortes études auxquelles ils sont astreints d'autre part, les mathématiques et les sciences d'observation qu'ils abordent aussi, et enfin, plus tard, les occupations et les soins très-positifs qui les attendent dans leurs carrières respectives, mettent bon ordre aux effets énervants de cette rhétorique banale. Mais, dans l'éducation limitée des femmes, cette méthode aurait tous les inconvénients qu'elle a dans l'éducation virile, sans trouver les mêmes correctifs et sans offrir les mêmes compensations. L'amplification, qu'en feraient-elles, bon Dieu? Grâce au ciel, elles ne plaident point, elles ne prêchent point, elles n'ont à se produire ni à la tribune politique, ni au pupitre académique.

Ne préférerez-vous pas, avec moi, madame, que vos filles, au risque de trouver peu à dire, n'exposent, en fait d'idées, que celles qu'elles se seront comme appropriées par la compréhension et la réflexion, et dont elles seront parvenues ainsi à se former des notions claires, sinon encore des notions justes, et qu'elles les exposent dans le meilleur ordre qu'elles pourront, mais dans un ordre qu'elles auront cherché elles-mêmes, avec un peu d'aide, s'il le faut. Le petit effort d'attention qu'il leur en coûtera sera très-propice à l'éducation de leur intelligence ; il ne serait pas perdu, quand même il n'aboutirait qu'à leur fournir la matière d'une courte page.

Au surplus, il est un autre moyen de suppléer à la stérilité ordinaire de tout jeune esprit qui n'est pas encore adulte. Les diverses études que font les jeunes filles, celles que l'on fait à côté d'elles, les notions qu'elles acquièrent en passant, sur les sciences naturelles, les conversations qu'elles entendent, les réflexions morales qu'elles saisissent au passage, tout cela peut servir de thème à de petites compositions, et, à mon gré, de tels sujets sont préférables à tous les autres. Ils auront pour vous cet avantage, qui n'est pas à dédaigner, de rendre les études où vos élèves puiseront les sujets de leurs compositions plus intéressantes et plus fructueuses pour elles. S'il est vrai que l'on ne sait bien ce qu'on voulait dire, que lorsqu'on l'a dit, et cela est très-juste, il ne l'est pas moins qu'on ne sait bien ce qu'on a lu ou entendu, que lorsqu'on se l'est redit à soi-même clairement et proprement.

Dans ce genre de travail tel que je l'entends, le jugement est en action autant que la mémoire, et l'on fait ainsi, sans s'en apercevoir, de la logique appliquée, ce qui vaut mieux que de faire un cours de logique que l'on n'applique pas. Non que je veuille dénigrer la logique; je crois, au contraire, qu'elle devrait avoir sa place dans l'éducation des femmes. N'ont-elles pas aussi besoin que nous de former leur jugement, d'apprendre quelles sont les conditions d'un bon raisonnement, par quelles routes l'entendement arrive à la vérité, comment, au contraire, il est exposé à s'égarer dans ses recherches, quelles précautions sont à prendre pour écarter les chances d'erreurs, de quels faux guides et de quels sophismes il y a à se défier, et enfin, dans un ordre d'idées plus générales, par quelles méthodes diverses les sciences se sont établies? Or c'est là ce qu'enseigne la logique et cela est fort intéressant, je vous assure, pour un esprit déjà un peu ouvert à la connaissance des choses. Mais nous n'en sommes pas précisément encore là à M..., je me permets de le supposer, et la petite logi-

que d'occasion que je vous conseille peut suffire à
votre jeune monde pour le moment....

Allons, il faut s'exécuter; ma conscience me dit
que, pour cette logique d'occasion, une connaissance
même superficielle de quelques-unes des règles les
plus pratiques de l'art de raisonner ne sera pas inutile à l'aimable professeur qui veut bien se laisser
conseiller par son ancien. Mais avant d'aborder cette
digression, prenons, vous et moi, le temps de respirer;
aussi bien, j'ai encore quelques mots à ajouter, pour
terminer cette lettre, sur un exercice de rédaction plus
simple que tous les autres, si simple qu'il semblerait
devoir les précéder : je veux parler des traductions.
Si je n'ai pas commencé par là, chère madame, c'est
qu'à mon petit avis, traduire n'est un exercice profitable, littérairement parlant, que lorsque l'élève connaît déjà assez les ressources de sa propre langue,
pour faire mieux que de suivre pas à pas son auteur,
en copiant ses constructions avec une fidélité pares-
seuse, en traduisant sans plus de frais l'expression
anglaise ou allemande par l'expression française qui
a l'air de lui ressembler.

Je n'ai pas à mettre en présence ici, pour les juger,
les deux systèmes de la traduction littérale et de la
traduction libre : il y a beaucoup à dire en faveur
de l'un comme de l'autre. Chacun a ses avantages

payés de certains inconvénients. Pour ma part, j'incline à penser qu'à traduire littéralement, le traducteur s'expose à être deux fois traître (vous savez le proverbe italien : *traduttore traditore*), d'abord envers la langue de son auteur, puis envers la sienne, et qu'il y a plus de fidélité réelle à s'attacher au sens des choses qu'à la couleur des mots. Mais pour un exercice de style, entre les deux systèmes, le choix ne peut être douteux ; le jeune traducteur doit pouvoir prendre avec son original toutes les libertés nécessaires pour que sa traduction soit aisée, agréable, élégante, s'il se peut, française avant tout, en un mot, pour qu'elle se fasse lire avec plaisir. Si le texte est d'un grand écrivain, il y a quelque chose de plus à tenter, c'est de faire passer dans la traduction, autant que possible des qualités essentielles du maître, celles qui font la physionomie de son style ; mais ceci demande mieux que de l'application. Il ne faut pas moins qu'un talent d'écrire consommé pour traduire comme Augustin Thierry traduit les vieilles chartes, les vieilles chroniques et poésies populaires qu'il rencontre ; comme M. Villemain traduit les anciens, les pères de l'Église ou les orateurs anglais, quand il les cite,

LETTRE SEIZIÈME

Raisonner.—Ce que c'est.—Définitions.—Étourderie d'un dictionnaire.—Qualifier n'est pas définir.—Des principes.— Pourquoi les caves sont plus fraîches en été qu'en hiver. — Histoire de la dent d'or. — De la démonstration. — Le raisonnement par déduction. — Les syllogismes de ma cuisinière et d'un renard logicien.— *Car, comme, puisque.*

Sans autre préambule, chère madame, embarquons-nous ; en côtoyant modestement les bords du sujet, nous ne risquerons pas de nous noyer. Comptez d'ailleurs sur mòi pour abréger cette visite aux frontières du pays de logique.

Raisonner, en logique, c'est partir d'une vérité pour arriver à une autre vérité, en s'éclairant du flambeau de la raison.

Que l'on raisonne pour son propre compte ou que l'on raisonne pour faire partager aux autres une conviction déjà acquise, le trajet entre le point de départ et le point sur lequel on se dirige, si court qu'il puisse être, ne l'est jamais tellement que la raison ne soit exposée à trébucher en route. Notre jugement a-t-il acquis la certitude que cette vérité, sur laquelle il s'appuie avec confiance pour prendre son élan, existe réellement, et à supposer qu'elle existe, quelque illusion ne le porte-t-elle pas à se persuader trop facilement que cette première vérité contient bien celle qu'il croit y être contenue, et qu'il prétend en faire sortir ?

Le point de départ, base de tout raisonnement, est tantôt une vérité évidente par elle-même ou déjà établie, tantôt un fait dont l'existence est reconnue, tantôt un principe dont la vérité est démontrée ou à démontrer.

Une première condition essentielle pour la sûreté du raisonnement, c'est que les termes mêmes qui entrent dans l'expression des principes soient bien définis. Raisonner sur des définitions vagues ou incomplètes, c'est raisonner creux.

Est-ce à dire qu'il faille définir tous les termes qui entrent dans l'expression d'un principe ? La précaution serait excellente pour ne jamais s'égarer ; mais est-elle praticable, et ne serait-ce pas souvent un soin bien inutile ? D'abord, comme Pascal l'a observé, il y a des mots que tous les hommes entendent de la même manière, la nature nous en ayant donné elle-même une intelligence plus nette que celle que l'art pourrait nous acquérir par nos explications. Remarquons, s'il vous plaît, qu'il ne s'agit pas de l'essence des choses. Le mot temps, que Pascal prend pour exemple, éveille chez tous les hommes la même idée ; mais tous les hommes n'ont pas la même idée sur ce que c'est que le temps en lui-même. Qu'importe ! les définitions sont faites pour désigner les choses que l'on nomme et non pour en montrer la nature. Définir bon gré mal gré des mots aussi clairs par eux-mêmes que l'homme, une pierre, une maison, le rouge, le vert, c'est prendre une peine bien inutile. J'aime la réponse de cet enfant à qui l'on demandait : Qu'est-ce qu'une chaise ? — C'est, dit-il, quand on veut s'asseoir.

Mais enfin, lorsque la nécessité de s'entendre obligera de définir les mots, il faudra que la définition soit claire et qu'il n'y entre aucun terme essentiel qui ne soit déjà défini. Ensuite, on se gardera de définir la chose par la chose elle-même, comme on ferait si l'on définissait la générosité, la qualité de ce qui est généreux, et généreux ce qui est doué de générosité. Enfin, on fera en sorte de ne pas définir une chose par quelque circonstance isolée qui ne la caractérise pas complétement. Telle est une définition que je me rappelle avoir lue dans un ouvrage de Charles Nodier, où le malin philologue s'est amusé à noter un certain nombre de définitions saugrenues, par lui recueillies dans de respectables dictionnaires. Il s'agit des adhérents d'un théologien hollandais : *Bogarmites*, dit gravement le lexicographe, *hérétiques qui croient à la miséricorde de Dieu*. Voilà d'un trait de plume les neuf dixièmes des chrétiens déclarés hérétiques.

Qualifier une chose n'est pas la définir, au moins d'une manière suffisante pour le raisonnement. Les définitions des moralistes ne sont pas autre chose, la moitié du temps, que des qualifications ingénieuses. Si l'on vous demande : qu'est-ce qu'une personne agréable dans la société ? et que vous répondiez, comme mademoiselle Alexandrine dans les *Conversations* de madame de Maintenon : « C'est une personne qui fait souvent le plaisir de la société et qui ne la trouble jamais, » votre définition ne nous aura pas beaucoup avancé. Mais comment fait-on le plaisir de la société, vous dira-t-on ? C'est justement la question que mademoiselle Victorine adresse à mademoiselle Alexandrine : problème fort compliqué qu'on ne peut résoudre d'un mot, car, au sentiment des maîtresses et des anciennes de Saint-Cyr, il faut une terrible collection de qualités diverses pour faire le bonheur du monde où l'on vit. Comme l'auteur désire que ses jeunes protégées aient de chacune de ces qualités une idée juste et précise, c'est au bout de la *Conversation* seulement et après une suite de définitions provoquées par les demandes et objections des jeunes pensionnaires, que l'on finit par avoir une idée nette et, de plus, très-utile des qualités qui font l'agrément de la société.

Pour vous donner un exemple de ces définitions partielles, mademoiselle Alexandrine ayant annoncé que pour être propre au commerce (à la société), il faut de la complaisance, de la douceur, de la politesse, mademoiselle Henriette, qui a des idées embrouillées sur la politesse : Quoi ! dit-elle, nous jeter dans des compliments éternels ! « Non, mademoiselle, lui est-il répondu, la grande politesse est de ménager en tout et partout les gens avec qui nous vivons. »

Un autre jour, madame de Maintenon, qui avait avancé que pour être aimée il suffisait d'avoir un bon cœur et un bon esprit, s'adressant à mademoiselle de Saint-Laurent, lui demanda ce que c'était que le bon esprit ? « C'est, dit la jeune demoiselle, de s'accommoder à tout. » La définition était bonne et courte ; elle eut l'approbation de la protectrice.

Ces *Entretiens, avis et conversations* pour les demoiselles de Saint-Cyr sont de la sorte tout semés de définitions morales, vrais modèles de brièveté et de précision. Lorsqu'il s'agit de définir des caractères,

le livre offre alors de véritables portraits, portraits
un peu froids de couleur, mais vivants, et aussi fine-
ment que fortement observés, qui achèveraient de
vous montrer quel parti l'on peut tirer de la définition comme exercice de jugement et de style. Par-
courez ce petit livre, il vous rendra plus d'un service.

Revenons aux principes, à ces vérités qui sont les
bases du raisonnement. Je les appelle vérités, parce
que vérités ils doivent être pour donner naissance
à d'autres vérités qui deviendront principes à leur
tour. Vous comprenez bien que si l'on ne raisonnait
que sur des vérités solides, les erreurs seraient quasi
impossibles ; mais il n'en va pas de la sorte. Dans nos
raisonnements habituels, combien n'est-il pas commun d'accepter et de donner pour principes certains,
pour vérités incontestables, tantôt de simples conjectures, tantôt des erreurs que nous ne soupçonnions
pas, conséquences de principes faux que nous n'avons
point examinés, tantôt enfin des faits qui ne sont rien
moins qu'établis, mais que nous admettons légèrement pour tels. La géométrie seule, entre les sciences,
est à l'abri de ces inconvénients et de ces erreurs :
ses principes sont certains, car ce sont des axiomes
ou des définitions ; c'est pourquoi, si elle apprend à
bien tirer une conséquence d'un principe, elle n'enseigne pas à ne point se tromper sur les principes.

Ce soin appartient à la logique, dont il est l'objet le plus considérable. Voici, fort en gros, en laissant les sciences de côté, ce qu'elle nous recommande pour la sûreté de nos raisonnements.

En premier lieu, si l'on raisonne sur un fait, il importe que ce fait soit bien établi. Il est beaucoup de vérités et de faits que nous ne connaissons que par le témoignage des autres, tels sont les faits historiques; ou par l'autorité de la science, comme par exemple, que c'est la terre qui tourne autour du soleil, et non le soleil qui tourne autour de la terre. Il en est une foule d'autres que nous tenons pour certains, quoiqu'ils ne soient qu'infiniment vraisemblables, ainsi cette vérité, que le jour présent aura un lendemain, que nous ne sommes pas immortels et que nous mourrons un jour nous-mêmes, « en personne, » comme dit X. de Maistre. Les degrés de certitude dont les divers ordres de vérités ou de principes sont susceptibles et les moyens d'obtenir cette certitude forment l'objet de plusieurs arts spéciaux, tels que l'art d'observer, l'art de vérifier les faits historiques ou la critique historique.

Pour ce qui nous concerne, tenons-nous-en à cette règle essentielle, de ne pas raisonner à perte de vue sur des faits purement imaginaires. D'Alembert, je ne sais plus où, conseille d'imiter ce physicien qui,

voulant expliquer pourquoi les caves sont plus chau-
des en été qu'en hiver, disait que cela vient peut-être
de telle cause, peut-être de telle autre, et peut-être
aussi de ce que cela n'est pas vrai. Connaissez-vous
l'histoire de la dent d'or? C'est Fontenelle qui la
raconte : « Ce malheur (le ridicule d'avoir trouvé la
cause de ce qui n'est point) arriva bien plaisamment,
sur la fin du siècle passé, à quelques savants d'Allemagne.... — En 1593, le bruit courut que les dents
étant tombées à un enfant de Silésie, âgé de sept ans,
il lui en était venu une d'or à la place d'une de ses
grosses dents. Horstius, professeur en médecine dans
l'université de Helmstad, écrivit, en 1595, l'histoire
de cette dent, et prétendit qu'elle était en partie
naturelle, en partie miraculeuse, et qu'elle avait
été envoyée de Dieu à cet enfant pour consoler les
chrétiens affligés par les Turcs. Figurez-vous quelle
consolation, et quel rapport de cette dent aux chrétiens ni aux Turcs! En la même année, afin que cette
dent d'or ne manquât pas d'historiens, Bullandus fait
aussitôt une belle et docte réplique. Un autre grand
homme, nommé Libavius, ramasse tout ce qui avait
été dit de la dent, et y ajoute son sentiment particulier. Il ne manquait autre chose à tant de beaux ouvrages, sinon qu'il fût vrai que la dent était d'or.
Quand un orfèvre l'eut examinée, il se trouva que

c'était une feuille d'or appliquée à la dent, avec beaucoup d'adresse; mais on commença par faire des livres, et puis on consulta l'orfévre. »

N'aimeriez-vous pas faire lire cette historiette à bien des gens que nous avons connus, vous et moi, dont le premier besoin, lorsqu'on racontait quoi que ce fût en leur présence, était de chercher une cause à la chose, sans se demander seulement si la chose était. Cette rage de tout expliquer, commune aux esprits fins et aux simples bavards, est un travers dont vous tâcherez doucement de préserver votre jeune monde, car elle est bien préjudiciable à la conversation.

Voilà pour ce qui regarde les faits. Quant aux principes proprement dits (on les appelle aussi propositions) sur lesquels notre jugement s'appuie pour passer à une autre idée, conséquence de la première, solides ils ne sont que lorsqu'ils ont un caractère de certitude ou de probabilité équivalente. Montrer qu'ils possédent ce caractère, c'est ce qu'on appelle, en logique, démontrer. Pascal, qui ne veut pas que l'on définisse tout, fonde, sur des raisons analogues, cette règle essentielle de logique, qu'il ne faut démontrer que ce qui ne porte pas en soi une vérité évidente. Il est aussi inutile, en effet, de prouver à un homme qu'il existe que de lui définir l'homme. A moins d'une lésion cérébrale, il a sur ces deux points une certitude à laquelle aucune démonstration comme aucune définition ne peut rien ajouter du tout. Aussi, il ne faut pas définir les axiomes, c'est-à-dire les vérités évidentes par elles-mêmes. De ces vérités-là, il en est très-peu, car il ne faut pas ranger parmi les axiomes, des principes devenus manifestement vrais à l'aide d'une démonstration antérieure ; que la terre tourne autour du soleil, c'est une vérité acquise à la science, ce n'est pas un axiome. En logique, le nom d'axiome est réservé aux vérités d'ordre intellectuel, mais il est beaucoup de vérités de sentiment qui se passent admirablement de démonstration. En général, convenons qu'il serait bien inutile de prouver ce qui est plus clair en soi que les raisons dont on se servirait pour le démontrer.

Mais, enfin, lorsqu'on démontre, la démonstration doit être si complète, qu'elle ne laisse aucun doute sur aucun point de la proposition à démontrer, et si consciencieuse, bien entendu, qu'elle ne s'appuie sur aucun principe qui ne soit déjà reconnu ou admis. Démontrer une proposition par un principe qui a besoin lui-même, pour être établi, de la proposition qu'il s'agit de démontrer, c'est faire ce qu'on appelle une *pétition de principe*.

Voyons maintenant d'un peu plus près, de quels

moyens l'esprit humain dispose, ou, pour parler la langue de la logique, à l'aide de quelles méthodes il procède pour étendre par le raisonnement le cercle de ses connaissances et le trésor des vérités dont il est naturellement avide. L'une de ces méthodes, dont j'ai envie de vous occuper tout de suite, consiste à *déduire* une conséquence d'un principe. Dans sa forme la plus rigoureuse, elle s'appelle d'un nom redoutable, d'un nom qui sent la poussière de l'antique école, qui éveille l'idée de la dispute, elle s'appelle..... *syllogisme*. Le mot est lâché, mais rassurez-vous ; je ne me propose point d'énumérer, à l'usage de vos apprenties en logique, tous les modes de syllogismes dont on peut entortiller et accabler son adversaire dans une dispute en règle. Il n'est pas bien nécessaire que vos filles soient plus curieuses que le Bourgeois gentilhomme, de savoir ce qu'étaient *Barbara, Darii, Celarent, Ferio, Baralipton* et « autres figures par le moyen desquelles on tire bien une conséquence. » Les écoliers du moyen âge n'avaient pas moins de deux cent cinquante-six de ces figures à se mettre dans la tête, pour apprendre à argumenter en forme, et pour devenir de bons raisonneurs au gré de l'école.

Il vous suffira de savoir que le syllogisme se compose de trois parties : 1º le principe ; 2º la conséquence ou conclusion, et 3º l'idée intermédiaire qui lie la conclusion au principe. Si je contestais à ma cuisinière sa qualité de Française, elle pourrait me clouer sur ses fourneaux par ce syllogisme : Tout Berrichon est Français (le-principe), or je suis Berrichonne (l'idée intermédiaire), donc je suis Française (conclusion).

Les principes et l'idée intermédiaire ont nom *prémisses*, je vous fais grâce de la *majeure* et de la *mineure*.

Quelquefois, même en argumentant serré, on supprime une des prémisses, l'autre se supposant d'elle-même. Tel était le fameux *enthymème* de Descartes (cette forme de syllogisme s'appelle ainsi, c'est du grec) : « Je pense, donc je suis. » Dans le cas domestique susdit, ma cuisinière pourrait faire comme Descartes et m'administrer ce simple enthymème : Berrichonne je suis, donc Française. Mais ne croyez-vous pas qu'un *sorite* serait décidément au-dessus de ses moyens ? Un *sorite* est une suite de propositions qui se déploient en rond, à la queue l'une de l'autre, si bien que la dernière rattrape la première et lui sert de conclusion. Le renard, dont, au dire de Plutarque, cité par Montaigne, les Thraces se servaient pour tâter la glace avant de risquer le passage d'une rivière gelée, était un bien autre logicien que ma Berrichonne. Approchant son oreille près de la glace, s'il entendait bruire l'eau courant au-dessous, il revenait, ayant raisonné comme suit : « Ce qui fait du bruit se remue,—ce qui se remue n'est pas gelé,—ce qui n'est pas gelé est liquide,—ce qui est liquide plie sous le faix, — donc ce qui fait du bruit plie sous le faix. » Et les Thraces se le tenaient pour dit, comme si le renard eût parlé.

Une forme de raisonnement souvent employée, c'est le *dilemme*. Le raisonneur donnant à l'adversaire le choix de deux propositions différentes ou même contraires, conclut semblablement dans l'un et l'autre cas. « Je vous chasse, dit un personnage de comédie à son intendant qui le ruine. Ou vous êtes dupe ou vous êtes fripon ; si vous êtes dupe, je n'entends pas faire les frais de votre bêtise ; si vous êtes fripon, allez vous faire pendre ailleurs. » Voilà un dilemme sous forme familière.

Dans l'ancienne école, on s'exerçait à ramener chaque raisonnement à la forme rigoureuse du syllogisme, et l'on avait, pour les diverses sortes de syllogismes, des règles minutieuses exprimées en formules barbares qui semblaient avoir été inventées pour dispenser les disputeurs de faire usage de leur jugement. Elles revenaient pourtant les unes et les autres à ce principe fondamental et bien accessible au simple bon sens, que les prémisses doivent renfermer la conclusion. Il y a longtemps que cette escrime compassée n'est plus en usage. Molière lui donna le coup de grâce, et, depuis lui, si, même en Sorbonne, on ne cessa pas d'employer la méthode syllogistique, on lui donna au moins des formes plus humaines. Au fond, il n'y a vraiment à se moquer que de l'abus qu'on fit pendant des siècles de ce mode de raisonnement, dont on était parvenu à faire un instrument de déraison :

Et le raisonnement en bannit la raison.

En soi, il est bel et bien une méthode naturelle de notre esprit. Les trois quarts du temps, nous raisonnons par syllogismes, sans nous en douter. Toutes les explications, bonnes ou mauvaises, que nous donnons aux autres ou à nous-mêmes, reposent sur des syllogismes sous-entendus. Soyez certaine que lorsque vous employez : *car, puisque, parce que, comme*, etc., il y a syllogisme sous roche. Quand vous dites à votre jeune monde, la veille de quelque excursion pédestre : « Mes enfants, demain, levez-vous de bonne heure, car nous aurons beaucoup de chemin à faire, » voici le circuit de syllogismes qui se fait dans votre jugement : « Qui veut faire le même jour une longue trotte sur ses pieds doit avoir du temps devant lui pour la marche et les repos (principe évident qui repose sur cet axiome qu'il faut plus de temps pour faire une longue promenade que pour en faire une courte). Or le chemin que nous avons à faire est long, donc il faut que nous ayons du temps devant nous, — pour avoir du temps devant soi, il faut être prêt de bonne heure,— et pour être prêt de bonne heure, il faut se lever de bonne heure. »

N'êtes-vous pas flattée d'avoir fait là un bout de *sorite* sans que vous en sussiez rien? Mais n'en tirez pas vanité, les poëtes eux-mêmes font des syllogismes. Je pourrais vous en montrer des exemples qui vous surprendraient; ce qui ne vous étonnera point si vous ouvrez les *Satires* de Boileau, c'est de trouver que la satire sur l'*Homme* est d'un bout à l'autre le développement de ce simple syllogisme : Toute créature vivante qui n'a pas l'âme égale n'est pas sage; or l'homme n'a pas l'âme égale, donc

> De tous les animaux qui s'élèvent dans l'air,
> Qui marchent sur la terre, ou nagent dans la mer,
> De Paris au Pérou, du Japon jusqu'à Rome,
> Le plus sot animal, à mon avis, c'est l'homme.

Il est des discours entiers qui ne sont pas autre chose que le développement d'un syllogisme à l'aide d'autres syllogismes; seulement le squelette ne paraît point sous la chair qui le revêt, ou ne s'accuse que par des contours adoucis. D'un bel édifice, l'œil charmé n'aperçoit et ne cherche ni la charpente ni les fondements; les proportions heureuses, la beauté des lignes, les ornements suffisent à son plaisir. Il n'en est pas moins vrai que si les fondements et la charpente n'étaient pas solides, le toit s'effondrerait, les murs prendraient des airs penchés, comme on dit, se lézarderaient, s'affaisseraient, et finalement tomberaient par terre.

Pour être juste, il faut donc reconnaître que cette gymnastique du jugement par l'usage habituel du syllogisme, si elle rendait la sottise plus sotte, donnait en revanche de la vigueur aux esprits droits.

Madame, je vous propose une halte. Dans ma prochaine lettre, je vous parlerai de quelques autres méthodes, de quelques mauvais raisonnements et des sophismes, après quoi notre visite à la logique sera terminée, et nous lui tirerons notre révérence.

LETTRE DIX-SEPTIÈME

Autres échelles dont se sert la raison.—L'analogie.—Rencontre de deux petits chiens.—Induction.—Le quinquina et le docteur Jenner.—Le dernier des Mohicans.—Zadig et le cheval.—On demande l'âge du capitaine.—L'analyse et la synthèse.—Mauvais raisonnements à l'usage des sophistes et de tout le monde.—Paradoxe et préjugé.—La botanique.

Madame,

Dans ma dernière lettre, je vous disais que, si l'esprit humain n'avait d'autre moyen pour étendre ses connaissances que de raisonner rigoureusement par syllogisme, en d'autres termes de s'avancer de déductions en déductions, le cercle de ses conquêtes s'élargirait bien lentement. Heureusement, il n'a pas que cette échelle pour s'élever, pas que cet épieu pour prendre son élan et se porter en avant. Il raisonne aussi par *analogie*, par *induction*, par *hypothèse* ; par *analogie*, lorsque, de la ressemblance très-grande entre plusieurs faits ou plusieurs objets, il conclut

12.

à la ressemblance entre leurs causes ou leurs effets ou à quelque autre rapport de même genre; par *induction*, lorsque de l'observation de cas semblables, il conclut à quelque vérité générale applicable à tous les cas de même nature; par *hypothèse*, lorsque, s'aidant de son imagination pour chercher la vérité qu'il ignore, il invente une explication des faits, quitte à en vérifier la justesse.

Disons quelques mots de ces trois méthodes, et d'abord de l'*analogie*.

Un jour, vous promenant avec vos filles dans vos bois, que je me représente un peu plus solitaires que le bois de Boulogne, vous rencontrez un jeune chien filant du train des petits chiens qui font l'école buissonnière; ni vous ni vos filles ne l'avez jamais vu; il porte un collier rouge, mais, sur le collier, pas de nom; le petit drôle, voyant de la jeunesse, change d'idée et se met de votre compagnie. Un peu plus loin, rencontre d'un petit chien de même taille, de même poil, porteur aussi d'un collier rouge; de plus, celui-ci a, comme le premier, entre les deux yeux, une petite tache blanche. De ces ressemblances, vous concluez par *analogie* que les deux animaux sont de même mère et ont même maître. La chose, sans être certaine, est d'une vraisemblance qui s'approche beaucoup de la certitude; mais si les petits chiens

n'avaient eu entre eux d'autre analogie que de se
trouver à la même heure, dans le même bois; s'ils
n'avaient pas eu de plus même collier, même pelage
et même tache au front, la probabilité aurait été beaucoup moindre et la conclusion fort risquée.

Poussons un peu plus l'exemple. La tache blanche
vous a rappelé une jolie bête que vous avez vue,
l'année dernière, chez votre voisin de campagne,
M. Charles. *Miss!* s'écrie la troupe qui se souvient,
Miss est, à n'en pas douter, la mère des petits chiens,
et mademoiselle Pauline propose de ramener les fu-
gitifs à leur maître. La conclusion de mademoiselle
Pauline est un peu précipitée, car il se peut fort bien
que M. Charles ait donné ou vendu la mère avec les
enfants ou les enfants sans la mère. Il n'y a qu'une
chose certaine ou infiniment probable, c'est que *Miss*
est la mère des petits chiens. Et ceci nous apprend
que lorsqu'on raisonne par analogie, il ne faut pas
se contenter d'une seule ressemblance qui pourrait
être fortuite; plus les rapports sont nombreux, plus
l'analogie est concluante. Autre leçon, c'est qu'observer et bien observer est une condition indispensable
de cette méthode.

L'*induction*, fondée aussi sur la ressemblance, et
par conséquent sur l'observation, est la méthode
propre aux sciences physiques et naturelles. On a re-

marqué que plusieurs malades atteints d'accès de fièvre avaient guéri, après avoir fait usage de l'écorce de quinquina. On en a conclu, non-seulement que c'était le quinquina qui les avait guéris, mais encore, d'une manière plus générale, que le quinquina est un fébrifuge; de cas particuliers, on a tiré une loi générale, on a procédé par induction. La découverte de la vaccine n'a pas une autre origine. Le docteur Jenner, ayant remarqué, au plus fort d'une épidémie de petite vérole, que les bergers, chargés de traire des vaches malades du vaccin, avaient échappé au fléau, arriva, par une suite d'inductions, à conclure et ensuite à démontrer que le vaccin inoculé à l'homme le préserve de la petite vérole.

Ce sont de merveilleux logiciens que ces intelligents sauvages des romans américains de F. Cooper, qui devinent de cent lieues la présence d'un danger, et s'arrangent pour le fuir. Réunissant leurs observations à celles de leurs pères, ils en ont tiré, par induction, certaines notions générales sur les phénomènes naturels de leurs déserts et de leurs forêts; vrais principes d'où ils déduisent les conséquences qui ont si vivement intéressé notre imagination.

La vérité oblige de dire qu'un certain Zadig, dont il est inutile de raconter l'histoire, avait, bien avant le dernier des Mohicans de Cooper, donné un exemple piquant de ce genre de sagacité. — Il s'agit du plus beau cheval de l'écurie du roi qui s'était échappé des mains d'un palefrenier dans les plaines de Babylone. « Le grand veneur et tous les autres officiers couraient après lui. Le grand veneur s'adressa à Zadig et lui demanda s'il n'avait point vu passer le cheval du roi. C'est, répondit Zadig, le cheval qui galope le mieux, il a cinq pieds de haut, le sabot fort petit, il porte une queue de trois pieds et demi de long ; les bossettes de son mors sont d'or à vingt-trois carats ; ses fers sont d'argent à onze deniers.—Quel chemin a-t-il pris ? Où est-il ? demande le grand veneur.—Je ne l'ai point vu, répondit Zadig, et je n'en ai jamais entendu parler. » Le grand veneur ne doutant pas que Zadig n'eût volé le cheval du roi, le fait conduire devant l'assemblée du grand Desterham, qui le condamne au knout et à passer le reste de ses jours en Sibérie. Le jugement est à peine rendu que l'on retrouve le cheval, et Zadig, reconduit devant les juges, leur explique le mystère : « A l'égard du cheval du roi des rois, vous saurez que, me promenant dans les routes de ces bois, j'ai aperçu les marques des fers d'un cheval ; elles étaient toutes à égales distances. Voilà, ai-je dit, un cheval qui a un galop parfait. La poussière des arbres, dans une route étroite qui n'a que six pieds de large, était un peu enlevée à droite et à gauche, à trois pieds et demi du sol de la route. Ce cheval, ai-je dit, a une queue de trois pieds et demi qui, par ses mouvements de droite et de gauche, a balayé cette poussière. J'ai vu sous les arbres, qui formaient un berceau de cinq pieds de haut, les feuilles des branches nouvellement tombées, et j'ai connu que ce cheval y avait touché, et qu'ainsi il avait cinq pieds de haut, etc. »

Dans le domaine des sciences d'observation, l'analogie et l'induction sont deux méthodes distinctes; dans l'usage commun, elles se mêlent, se confondent; mais que l'on raisonne par induction ou par analogie, lorsque d'une chose on en infère une autre, en bon français, sinon en français agréable, cela s'appelle *induire*. Ex.; *Il a induit de mon silence que... On peut induire de sa manière d'agir, etc... Il était permis d'induire de cette analogie entre leurs sentiments que...* Quoi qu'il en soit, c'est notre droit à tous de raisonner sur les ressemblances que nous observons, et d'en tirer parti pour l'accroissement de nos connaissances et la culture de notre raison. Bien entendu qu'il ne faut pas demander aux choses des notions qu'elles ne contiennent pas, et par conséquent ne peuvent nous fournir. De la comparaison entre objets qui n'ont aucune espèce de rapport, il ne peut sortir aucun résultat sensé. N'imitons point ce grand calculateur dont vous vous rappelez la gaie caricature :

assis sur la proue d'un navire, l'index appuyé sur une narine, il s'est donné à résoudre ce subtil problème : « Étant donnés la longueur du bâtiment, sa largeur de babord à tribord, la hauteur du mât de misaine et le tirant d'eau, on demande... l'âge du capitaine? » Voilà de l'induction bien appliquée.

De l'*hypothèse*, je ne vous en dirai rien, sinon qu'elle est la mère de tous les systèmes par lesquels les philosophes ont essayé d'expliquer les mystérieux problèmes dont l'âme humaine ou les lois qui régissent l'univers physique sont l'objet : qu'elle a tantôt conduit la science à de grandes découvertes, et tantôt l'a égarée; et qu'enfin, si nous voulons l'appliquer aux recherches familières que la curiosité ou les circonstances nous suggèrent, nous ne devons pas oublier deux points que je recommanderai tout particulièrement à la méditation des personnes douées de curiosité, s'il en est parmi vous. L'explication supposée d'un fait, pour être la bonne, doit tout expliquer, et encore ne sera-t-elle pas nécessairement pour cela l'explication véritable, car une autre supposition (hypothèse) pourrait expliquer tout aussi bien le fait. Il faut donc s'assurer de plus que l'explication imaginée est la seule qui rende bien compte des faits dont on voudrait connaître la cause. Si, dans le commerce de la société et généralement dans les affaires de ce monde, on réglait sur ces principes l'usage des suppositions, on ne ferait pas quotidiennement une si furieuse consommation de commérages, de conjectures irréfléchies et de jugements téméraires.

Est-ce la rime? l'hypothèse me fait songer que j'ai oublié la synthèse... et l'analyse, deux mots et deux méthodes aussi qui jouent un grand rôle dans la logique, et par lesquels j'aurais dû commencer; car l'analyse et la synthèse sont, comme on l'a bien dit, deux opérations de l'esprit en sens contraire que la raison pratique tour à tour, quel que soit l'objet qu'elle se propose d'étudier [1].

L'*analyse* est un procédé de décomposition, elle sépare les éléments d'une chose pour les mieux connaître; en botanique, par exemple, elle examine l'une après l'autre les parties diverses de la fleur, le calice, la corolle, les étamines, etc. Tous nous avons appris par cette méthode les premières choses qu'il nous a été nécessaire de connaître pour vivre et grandir. L'enfant n'a d'abord de sa nourrice (qui est pourtant un composé fort perceptible de bien des éléments) qu'une seule notion, le lait qu'elle lui offre; peu à peu et successivement il fait connaissance avec les yeux, avec le nez, avec la tête, avec les bras et finalement avec

1. Voir Charles Jourdain, *Notions de logique,* excellent précis, qui serait plus exactement intitulé *Notions de philosophie.*

toute la personne de la bonne femme. Alors, il a une idée d'ensemble de sa nourrice; mais pour se former cette notion nouvelle, il a suivi une méthode inverse : de ces choses séparées, de ce nez, de cette bouche, de ces bras, etc., son petit intellect a fait un seul composé. Cette méthode de recomposition, c'est la *synthèse*.

C'est par l'analyse que le physicien, le chimiste, le naturaliste, ont appris ce qu'ils ignoraient; c'est par la synthèse que, l'ayant appris, ils nous l'enseignent. Les chimistes analysant l'eau y ont découvert ces deux éléments, l'oxygène et l'hydrogène; le fait est acquis à la science et la science enseigne que l'eau est un composé d'oxygène et d'hydrogène. C'est ainsi que l'esprit humain, ayant pris possession de l'arbre de science, des rameaux descend au tronc ou du tronc remonte aux branches.

Ces deux mots d'*analyse* et de *synthèse* se fourrent aujourd'hui un peu partout; désormais vos élèves les rencontrant sauront ce qu'ils signifient. Une rencontre qu'elles sont bien autrement exposées à faire, c'est celle des raisonnements captieux, saugrenus, scélérats avec une mine innocente, et aussi, des faux raisonnements à bonne intention. Comme le raisonneur consciencieux qui se trompe de bonne foi, et le sophiste qui trompe les autres, en abusant de la vérité apparente ou partielle d'une proposition pour en tirer une conséquence qu'il sait bien être fausse, puisent tous deux aux mêmes sources, l'un son erreur innocente, l'autre son erreur volontaire, je terminerai cette excursion en logique par le signalement de quelques-uns des arguments vicieux ou suspects dont il faut se défier, et qu'il ne faut ni accepter des autres, ni employer à son tour.

Raisonner sur un mot que l'on emploie à la fois dans son sens propre et dans son sens figuré, dans toute l'étendue de sa signification, et dans un sens restreint, c'est un piége qui semble grossier; on s'y laisse prendre pourtant, ainsi qu'il arriva, dit-on, un jour, à l'empereur Conrad III. Ce prince recevait à sa table des savants qui soulevaient toutes sortes de fines questions. L'un d'eux lui demanda : Avez-vous un œil? —Oui, certes, répondit l'empereur.—Avez-vous deux yeux?—Cela ne fait pas difficulté.—Un et deux font trois, donc vous avez trois yeux.—L'objet essentiel est présenté sous deux aspects et compté deux fois.

Tel était encore un syllogisme fameux dont voici un échantillon : « Ce que vous n'avez pas perdu, vous l'avez encore. Or, vous n'avez pas perdu de cornes, donc vous avez des cornes. » On a escamoté la moitié du principe, qui devait être posé ainsi : « *Ce que vous aviez* et ce que vous n'avez pas perdu, vous l'avez encore, etc. »

Autre malice de même fabrique : « Un pommier est un arbre, un chêne est un arbre, donc un chêne est un pommier. » Vos filles verront tout de suite que la vraie conclusion était celle-ci : « Donc un pommier et un chêne sont tous deux des arbres. » Ce qui ne les empêchera pas de faire, à l'occasion, quelque petit raisonnement semblable; mais peut-être, le pommier leur revenant en mémoire, s'arrêteront-elles à propos.

Elles connaissent déjà cette plaisanterie : « Ou il gèle ou il ne gèle pas, or il ne gèle pas, donc il gèle. » La finesse consiste ici à abuser de la négation qui est dans la première alternative, pour ne pas mettre dans la conclusion celle qui devrait y être. Changez les mots, et vous verrez l'artifice.—Demandez à ces demoiselles où il est dans cet autre raisonnement d'un oncle peu généreux : « Ou l'on n'a rien, ou l'on est riche; or mon neveu n'a rien, donc..... il est riche, » conclut l'oncle.

Expliquer la cause d'un fait par sa cause même est un accident qui arrive volontiers aux gens qui ont la prétention de tout expliquer. Le médecin de la cérémonie du *Malade imaginaire* est là pour en faire sentir le ridicule. Le premier docteur interrogant, lui demandant en latin burlesque la cause et la raison pourquoi l'opium fait dormir? — C'est répond le

bachelier, qu'il y a dans l'opium une vertu dor-
mitive,

> *Quia est in eo,*
> *Virtus dormitiva,*
> *Cujus est natura,*
> *Sensus assoupire.*

Bene, bene respondere, s'écrie le chœur des assistants, déjà convaincus par cette docte explication de
la suffisance du candidat.

Prendre la cause pour l'effet et l'effet pour la cause,
prendre pour cause d'un fait un autre fait qui, par
hasard, a lieu en même temps que le premier et n'a
avec lui aucune espèce de rapport, tel est un des
tours que le sophiste a dans son sac ; telle est aussi
l'origine de la plupart des superstitions. Une armée
battue s'en prenait de sa défaite à une éclipse de soleil
survenue pendant la bataille ; le vainqueur ne l'at-
tribuait qu'à sa vaillance. Et les comètes, de quelles
calamités ne les a-t-on pas accusées ?

Juger d'une chose sur une circonstance passagère
et accidentelle, c'est le fait des voyageurs, des tou-
ristes notamment qui jugent d'un pays par une au-
berge, et de la nation par ses sommeliers ; mais ne
dit-on pas tous les jours et sans motifs plus sérieux : Ce
médecin tue tous ses malades,—tous les avocats sont
des bavards,—les administrateurs des pillards ? D'un

abus partiel, ne conclut-on pas à l'universalité des abus ; d'une faute d'un gouvernement à son impéritie générale et incurable ?

Autres sources de mauvais raisonnements que je ne fais qu'indiquer : — Prouver ou réfuter ce qui n'est pas en question ; — combattre chez son adversaire des idées ou des sentiments qu'on sait bien qu'il n'a pas ; — citer à l'appui de son opinion celle d'un homme illustre qui n'a rien dit ou que l'on cite inexactement ; — grâce à une énumération incomplète des individus ou des choses comprises sous un même nom, raisonner comme dans cet exemple connu : « Épiménide assurait que tous les Crétois étaient menteurs, or Épiménide était Crétois, donc il était menteur ; il mentait donc lorsqu'il disait que les Crétois sont menteurs, donc les Crétois ne sont pas menteurs, donc Épiménide ne mentait pas, etc., etc. » C'est un cercle vicieux, c'est-à-dire sans fin. Pour que le raisonnement eût le sens commun, il aurait fallu prouver non-seulement que tous les Crétois, bien comptés depuis le premier jusqu'au dernier, Épiménide compris, étaient menteurs, mais encore qu'ils ne disaient pas un mot de vérité, voire qu'en toutes choses ils disaient le contraire de la vérité. L'erreur est sensible dans cet exemple, elle ne l'était pas autant dans certaines théories scientifiques qui ont été échafaudées sur des énumérations incomplètes.

N'allons pas oublier l'argument *ad hominem*, par lequel on oppose à l'homme d'aujourd'hui les opinions ou les actes de l'homme d'hier, par lequel aussi on retourne contre son adversaire les conséquences qui résultent de ses propres principes ou des concessions qu'il fait. Excellent au besoin pour prouver qu'un autre a tort, ce genre d'argument ne prouve pas du tout que nous ayons, nous, raison ; mais il a l'air de le prouver, et tous, lecteurs, public, auditoire, nous nous y laissons prendre facilement, subjugués par ce dilemme irréfléchi que nous nous posons *in petto*, lorsque devant nous deux adversaires soutiennent ou attaquent une opinion. « Ou c'est Jacques qui a raison, ou c'est Antoine ; si Jacques se trouve avoir tort, naturellement c'est Antoine qui aura raison. » Raisonnement juste, si l'une des deux opinions en présence est la négation de l'autre, comme dans cette proposition : « Ou Dieu existe, ou il n'existe pas ; » car il est clair que si l'une des assertions est vraie, l'autre est fausse nécessairement ;—mais raisonnement très-faux si, entre les deux idées, il y a place pour des opinions intermédiaires, car la vérité pourra fort bien se trouver là et non aux extrémités. Vous voyez d'ici quelles bonnes machines à sophismes on peut faire du *dilemme* et de l'argument *ad hominem*.

On ne peut parler du sophisme sans penser à son allié, le paradoxe. Le paradoxe est une opinion singulière qui va contre les idées reçues, qui heurte à la fois les notions de la raison et celles de l'expérience. On met quelquefois un peu de promptitude à crier au paradoxe devant une idée qui étonne, mais qui ne paraît singulière que parce qu'elle n'a pas été bien examinée. Il est vrai aussi que rien n'est propre à faire mettre en doute le bon jugement d'un homme comme le goût et l'habitude du paradoxe. C'est peut-être une injustice; qui sait s'il n'est pas né avec un jugement excellent? mais le plaisir de joûter a fait naître chez lui le goût de la contradiction, et le goût a produit l'habitude; or ce n'est pas une saine gymnastique pour l'esprit de marcher toujours sur ses mains, les pieds en l'air et la tête en bas; lorsqu'on veut se remettre sur ses jambes et marcher comme tout le monde, il est naturel qu'on éprouve quelque étourdissement et que l'on ne marche pas très-droit.

Le sophisme m'a fait songer au paradoxe, et je ne sais pourquoi le paradoxe me fait penser au préjugé.

Proprement, ou plutôt étymologiquement, un préjugé, madame, est une opinion adoptée avant examen, ou, si vous l'aimez mieux, sans réflexion.—Ah! monsieur, quelle humiliante découverte! et moi qui me flattais de n'avoir pas de préjugés ! mais à ce compte, j'en suis pétrie, car dans le cours de mes journées, je vais obéissant à pas mal de maximes dont je dois avouer que je n'ai jamais examiné et encore moins approfondi la justesse.—Si vous n'avez pas d'autres préjugés que ceux-là, gardez-les avec soin, sans y regarder de plus près qu'auparavant. Ces sentiments si précieux qu'on appelle honneur, délicatesse, patriotisme, n'ont tant de puissance que parce qu'on y obéit sans réflexion ni analyse. Pour plus de sûreté donc, n'appelez préjugés que les préjugés nuisibles, les ignorances imbéciles et les entêtements ridicules.

Un chapitre de la logique, bien important et bien intéressant à connaître, c'est la classification ; mais mettre ce chapitre en action serait encore plus intéressant et plus utile. Rapprocher, séparer, grouper soi-même les objets d'après leurs caractères essentiels, est sans contredit pour l'intelligence, une occupation des plus fructueuses, et c'est aussi une des raisons pour quoi la botanique, science récréative par son objet et accessible entre toutes les autres aux jeunes personnes, est à placer au nombre de leurs études les plus utiles ; la fille du grand naturaliste de Saussure vous développera cela bien mieux et plus agréablement que je ne saurais le faire.

« Chaque plante, dit madame Necker dans des pages de sa jeunesse que j'ai eues sous les yeux, chaque plante dont on veut découvrir le nom est un petit problème à résoudre, une énigme à deviner; on cherche à la rapprocher de celles qu'on connaît déjà, on saisit quelques ressemblances, puis des bizarreries apparentes vous déroutent; on avait pris un mauvais chemin, il faut revenir sur ses pas; enfin, quand on se sent dans la bonne voie, quand des rapports toujours plus multipliés nous ont conduit de la classe à l'ordre, de l'ordre au genre et du genre à l'espèce, quand vous êtes certaine du nom de votre fleur, quand vous la voyez comme Tournefort, Linné, Lamark l'ont vue, votre amour-propre se glorifie de votre association avec ces grands noms, de la sagacité que vous avez déployée en devinant cette énigme. »

Voilà, madame, comment l'étude de la nature peut offrir à vos filles une agréable leçon de logique. Un peu de géométrie, pour leur donner l'idée et quelque pratique du raisonnement par déduction, compléterait avec avantage ce côté de leur éducation un peu négligé chez nous, car... Mais, bon Dieu! que nous voilà loin du style! il est temps d'y revenir pour lui faire nos adieux.

13.

LETTRE DIX-HUITIÈME

Nous avançons, madame, vers le terme de la tâche
que vos désirs maternels m'avaient tracée. Nous
avons vu de quelles qualités se compose l'art de bien
écrire ; les unes constituant son fond obligé, les
autres son superflu, mais un superflu passablement
nécessaire. J'en ai gardé une pour la fin, une sans
laquelle le style n'a ni vraie force, ni vraie délicatesse, ni charme durable... la sincérité : la sincérité, qui devrait être le premier comme le dernier
mot de toute rhétorique, un mot à inscrire en lettres
d'or sur le pupitre de toute jeune fille qui s'exerce à
exprimer ce qu'elle pense et ce qu'elle sent. Ainsi en
jugeait dans sa vieillesse un bien aimable écrivain.

Louant, dans les lettres d'une jeune et spirituelle amie qui avait devancé ses leçons, cette qualité qu'aucune ne remplace : « J'ai toujours remarqué, disait-il, que le style gagne infiniment à la sincérité de la pensée qu'on peint. C'est une règle oubliée dans les poétiques. Ce qui est sincère est toujours bien senti, et rien n'est bien dit que ce qui est senti avec vérité. »

Ce que Bonstetten disait-là, parlant du style épistolaire, madame Necker de Saussure, son illustre amie, l'a développé au point de vue de la morale dans ce remarquable passage de l'*Éducation progressive*, où elle peint le malheur des êtres qui, suivant sa forte expression, ont coupé le pont de communication entre leur âme et celle des autres : « Les paroles, ce moyen de s'entendre, si charmant, si facile, les paroles n'ont point par elles-mêmes de valeur fixe; elles en prennent chez chaque individu une particulière, dont on est averti par des indices très-délicats, mais qui, dans leur ensemble, trompent rarement. Cette valeur peut être fort élevée. Tel mot, prononcé par tel homme, répond de sa conduite à jamais; ce mot est *lui*; il saura le soutenir quoi qu'il en coûte. Il empreint sa moindre expression du sceau de son âme auguste, et produit une impression profonde en la prononçant. En revanche, les protestations les plus fortes de tel autre homme ne comptent pas; ce sont des assignats démonétisés dont on ne regarde plus le chiffre. En obligeant donc votre enfant à être vrai, vous lui assurerez l'existence morale, vie plus importante à conserver que la vie physique, puisqu'on ne trouve plus le repos quand on l'a perdue, et qu'on est au contraire condamné à la plus humiliante agitation. Nul ne parle des chagrins secrets, fruits amers du manque de vérité dans le caractère; on se tait sur la douleur de n'être jamais compté, jamais placé au poste honorable de la confiance, situation qu'il faut toujours cacher, toujours masquer sous de vaines paroles qui ne servent qu'à le constater. »

Tout se tient dans notre économie spirituelle. Le faux, qui guide mal la conduite, guide mal une plume; le mensonge la glace, et le beau est la récompense du vrai. N'aimez-vous pas que, jusque dans les choses de la littérature, l'éternelle justice marque son doigt, et que l'écrivain, pas plus que l'homme, ne manque impunément à la vérité?

Ai-je besoin de vous faire remarquer, chère madame, que la sincérité est compagne de la justesse (on n'a point l'esprit faux quand on l'a sincère, a dit Joubert)? Elle est aussi la source de la véritable originalité littéraire. On sent bien cela en lisant les lettres de madame de Sévigné et d'autres correspondances justement célèbres; tout ce qui n'est que l'écho de l'esprit du temps, de la prévention ou de la fantaisie du jour se reconnaît à la vivacité exagérée, à la délicatesse moindre de l'expression qui fait contraste avec le reste. Motif de plus, vous le voyez, pour qu'on n'exerce pas la jeunesse à exprimer des vérités dont elle n'est pas pénétrée, des sentiments qu'elle n'a pas éprouvés. A un tel exercice, quel serait l'écolier le plus habile et à quoi se réduirait son succès? A parer le vide mieux qu'un autre, à être loué pour sa brillante adresse. Comment, après cela, ne serait-il pas disposé à regarder le talent d'écrire comme un jeu de la parole où le plus beau joueur est le plus admiré? Comment la vanité ne délogerait-elle pas dans son cœur la simple et honnête ambition de dire fidèlement ce qu'on a bien pensé? Encore si le talent devait y gagner! mais, comme on l'a dit avec profondeur : « Le sentiment de bien faire aide le talent, tant que la vanité ne s'en mêle pas. Sitôt qu'elle s'en mêle, on perd. Un sentiment bâtard se punit de lui-même[1]. »

La sincérité, à l'exemple de son frère le naturel, épargne à l'écrivain des efforts ingrats; mais elle ne le dispense pas du soin, du travail. Au contraire, plus on est convaincu d'une vérité et plus on est pénétré

[1] Lettre de Bonstetten.

d'un sentiment, moins aussi on est facile à contenter
sur la fidélité de l'expression. Loyauté précieuse,
source du bien penser comme du bien dire! — Eh
quoi! encore et toujours, le soin, le travail?—Oui, le
soin, le travail aujourd'hui, pour la facilité plus
grande de demain; ainsi, courage, ne quittez point la
partie. Que vos filles ne se laissent pas rebuter par la
difficulté qu'elles éprouveront quelquefois, souvent,
je l'espère, à rendre leur pensée comme elles le voudraient; qu'elles ne s'en prennent jamais, de l'effort
qu'elles ont à faire, à leur peu d'aptitude ou à la mauvaise disposition présente de leurs facultés; surtout
qu'elles se gardent de déchirer la page commencée et
ne jettent pas leur plume avec dépit; ce n'est pas lé
moyen de mieux réussir le lendemain. Rappelez-leur
ce que disait une femme qui avait bien de l'esprit et
l'esprit le plus sincère : « Quand la plume ne va pas
comme d'elle-même, il n'en faut pas moins qu'elle
aille. On s'imagine qu'elle ira mal, mais point du
tout, les plumes qu'on gouverne sont à la longue les
seules qui aillent bien. Trop de gens, trop de femmes
surtout, sont la dupe de leur paresse et voudraient
ne rien faire que par soudaine impulsion, et voilà
pourquoi la perfection est si rare. On attend qu'on
soit en train, tandis qu'il ne tient qu'à nous de nous
y mettre. Si une première lettre n'est pas bien, il

en faut écrire une seconde, une troisième. Je ne recommence que pour faire plus mal, disent beaucoup de gens. Qu'en savent-ils? ont-ils jamais bien obstinément recommencé? L'esprit est comme la main, comme le pied, la jambe, et l'on devient capable de penser, de parler, d'écrire, comme de danser et de jouer du clavecin, à force d'exercice…. Vouloir fortement, décidément et obstinément vouloir, fait venir à bout de tout; mais vouloir ainsi est déjà un don du ciel, un *talent* très-rare. Le grand tueur du talent est la légèreté; son père nourricier, c'est la persévérance. » (Mme de Charrière.)

Pour la manière de travailler, qu'il ne faut pas confondre avec la manière d'écrire, il n'y a pas de méthode absolue à conseiller. La meilleure est celle qui convient le mieux aux aptitudes particulières de chacun, aux points forts ou faibles de ses facultés diverses. Les uns, craignant de laisser échapper les idées qui se présentent, ou refroidir leur verve, traitent leur sujet et laissent courir leur plume tout d'une haleine, réservant pour un second travail le soin d'élaguer, de développer, de soigner les détails de composition et de style; d'autres, qui ont le cours des idées moins vif, mais plus soutenu, au contraire, soignent le style tout d'un temps et finissent à mesure qu'ils travaillent. Dans la correspondance, il faut autant que possible combiner les deux méthodes et, au risque de faire quelques ratures, se corriger, se reprendre séance tenante.

Cependant, comme une lettre pleine de ratures n'est pas agréable à lire, voyez vous-même ce que vous pourrez faire des conseils que la même madame de Charrière donnait sur ce sujet à une jeune dame qui, s'appliquant à mettre de l'esprit, de la gentillesse même, aux choses qui n'en admettent pas, corrigeait ses lettres à l'excès :

« J'ai envie de vous condamner à une pénitence. Quand vous aurez écrit une phrase que vous serez tentée d'effacer, laissez-la. Si elle est commune, cela ne fait rien, quand bien même vous y répéteriez des mots que vous venez d'employer déjà; cela ne fait rien non plus, si elle est obscure; commentez-la, donnez-en tout bonnement l'explication dans la phrase suivante. Le bien dire auquel vous renoncerez par là n'est pas si précieux que la simplicité, et moins de ratures disparates se verront dans vos lettres. Vous prendrez même l'habitude de n'en plus faire du tout. Je voudrais avoir pris cette bonne habitude dans ma jeunesse. Je barbouille mes lettres de deux manières : l'une quand j'écris sur une chose difficile et que mes idées n'étant qu'à demi développées, mes expressions ne sont pas du tout ce qu'elles devraient être. Alors, à moins de recopier, il faut bien raturer, car une idée incomplète ou une expression louche sont pis que des ratures. L'autre cause du barbouillage est une distraction si grande que j'écris *moins* pour *moi* et *moi* pour *moins*, *vertu* pour *vers*, *charmes* pour *chardons* et ainsi de suite. Le mot commencé avec intention se finit au hasard et sans que j'y pense. Quand je retrouve ces bévues en relisant ma lettre, je ris et je corrige. Mais quelquefois, en commençant un mot, je m'aperçois que j'ai mis une lettre qu'il ne fallait pas, ou en commençant une phrase, que j'ai écrit un tout autre mot que celui qu'il fallait. Pendant quelque temps, je me suis amusée (et encore souvent je m'amuse) à ne pas changer dans ce cas-là soit le mot, soit la lettre, et à inventer une autre phrase que celle que je me proposais d'écrire. Cela n'a pas laissé de produire quelquefois des choses plaisantes, des tournures fort éloignées de mon style ordinaire. Essayez d'en faire autant, ce seront autant de ratures de moins. Ces deux *autant* ne font pas un bel effet ; cependant je les laisse, tant pour ne pas raffiner mon style que pour ne pas barbouiller.—Ayez des idées nettes et des expressions simples. Voilà un grand point bien essentiel et que je vous recommande extrêmement. Bien loin, après cette forte et essentielle recommandation, je vous fais cette autre petite : que vos lettres soient nettes comme vos idées; que l'ordre y brille comme il doit se faire remarquer dans votre esprit. »

Pour le coup, madame, nous sommes, je pense, arrivés à destination. Je crois vous avoir montré, dans le cours de la route que nous avons parcourue ensemble, ce qu'il y avait de plus utile à vous indiquer pour le but que nous nous proposions tous les deux. Maintenant avouez-moi grossièrement que ces directions, ces notions, ces conseils à n'en plus finir sur la manière d'exprimer sa pensée le mieux possible, forment pour l'heure, à vos yeux comme à ceux de votre cher auditoire, une montagne de difficultés de l'aspect le plus décourageant ; je ne m'en fâcherai point. Mon Dieu, ce qui vous arriverait là ne devrait ni vous surprendre ni vous consterner. Ce serait le résultat ordinaire de toute analyse. Si un chimiste, si un botaniste s'en venaient vous énumérer, l'un tout ce qui entre dans la composition de cette eau limpide qui court en frais bouillons sous vos ombrages, l'autre tout ce qu'il y a dans la substance de ces fleurs qui embaument l'air de leurs parfums; ces agréables objets changeraient pour un instant de physionomie à vos yeux; l'oxygène, l'hydrogène, le parenchyme vous feraient oublier le cristal de l'eau transparente et les charmes de la rose. Mais, la leçon terminée, la fleur et l'eau transparente redeviendraient pour vous ce qu'elles étaient avant. A plus forte raison, une page élégante, harmonieuse, ne perdra rien de sa beauté et de son attrait, parce que vous saurez à quoi tient l'harmonie et de quels éléments se compose l'élégance; tout ce qui pourra arriver, c'est que vous jouissiez davantage de beautés devenues plus sensibles à vos yeux mieux ouverts, plus attrayantes pour votre goût désormais averti et mieux éclairé. Si j'ai dit à plus forte raison, c'est parce qu'il n'en va point des choses de la littérature comme des phénomènes du monde physique. Les roulements du tonnerre dans la montagne ne frapperont pas votre oreille avec plus de force quand vous saurez que la foudre n'est qu'un phénomène d'électricité; mais peut-être se feront-ils moins entendre à votre imagination. Un poëte l'a dit avec un regret mélancolique :

> Des sages m'ont ouvert les yeux,
> Mais j'admirais bien plus l'aurore
> Quand je connaissais moins les cieux.

Dans le monde de l'intelligence, de la pensée, c'est autre chose; avant d'admirer, il a fallu commencer par connaître. De beaux vers, de belle prose, l'éloquence, la poésie ont un charme que toutes les explications du monde ne peuvent détruire, tandis qu'il demeurera éternellement caché à la sauvage ignorance. Soyez donc sans inquiétude, le fantôme de montagne se dissipera peu à peu, à mesure que vos élèves feront connaissance avec les grands, les aimables écrivains de notre littérature.

Ah! la lecture, madame, c'est encore là le plus certain moyen pour une jeune personne d'apprendre à écrire; mais j'en conviens, pour en tirer un tel usage, il faut savoir lire et savoir ce qu'on lit, il faut se former un goût littéraire, éclairé, solide et indépendant, et pour cela, il est bon d'avoir au moins un aperçu des éléments généraux de la littérature. La science littéraire, je le sais bien, agite plus de questions qu'elle n'en résout; mais, par cela même, par l'activité qu'elle donne au jugement, elle rend notre goût plus maître et plus sûr de ses décisions.

Pour ce nouveau sujet d'études, ai-je besoin de vous le dire, je mets d'avance à vos ordres mes conseils, mes réflexions et la connaissance des livres que je dois à mon âge. Mais rien ne presse; laissez d'abord à ces jeunes esprits que vous vous êtes donné la mission de former le temps de se reprendre et de s'ouvrir. Seulement, comme préparation bien utile à ce pas en avant dans l'éducation littéraire de vos enfants, je vous recommande, dès à présent, les lectures à haute voix. Ces exercices ont une si grande utilité, que je n'attendrai pas votre permission, chère madame, pour vous donner quelques conseils pratiques sur ce point ; je commencerai par là ma prochaine lettre.

LETTRE DIX-NEUVIÈME

Des exercices de lecture à haute voix.—Différence entre la
lecture et la déclamation.—Bien lire.—Ce que c'est.—Recommandations diverses.—Du galop, du trot et de l'amble.
—De la prononciation française.—Encore l'usage.—Des
liaisons.

Il est singulier que, dans l'éducation domestique
comme dans l'éducation publique, on prenne si peu de
soin de former les jeunes gens à bien lire. La tradition
universitaire a consacré une certaine mélopée dont je
ne conteste pas l'agrément, mais qui, dans les bouches
écolières, est d'une monotonie désolante. Ne pourrait-
on la plier à plus de variété dans la mesure et l'accent?
C'est un doute que j'exprime plutôt qu'un souhait;
car si on allait se prendre de zèle pour réglementer
la prononciation et le débit, je craindrais que le re-
mède ne fît bientôt regretter le mal, l'aisance,
la liberté tempérée par l'usage étant le charme
comme l'essence de la diction française. Aussi le

fruit des exercices de lecture que je vous propose
devrait être simplement, à mon avis, d'abord de
donner de la souplesse à la voix, qui a besoin d'être
exercée pour acquérir de la solidité, de la tenue, et
pour se plier à l'expression; et, en second lieu, d'ha-
bituer l'organe à varier ses repos, afin de ponctuer
le discours de la manière la plus claire et la plus
intelligible pour l'oreille qui entend et l'esprit qui
écoute.

Vous voyez que ce n'est pas de la déclamation qu'il
s'agit, mais de la lecture à haute voix. La déclamation est un art, un art délicat, difficile, à l'égal de l'art
du chant, et qui demande une longue et patiente
étude. La déclamation peint, la lecture esquisse; mais
le croquis, pour être vu avec plaisir, n'a pas moins
besoin que le tableau de rendre les objets avec fidélité, d'être tracé d'une main sûre et légère; on ne le
supporte ni plat, ni bavoché, ni hésitant. Ainsi de la
lecture à haute voix; on ne lui demande ni de faire
tonner les échos ni d'ébranler les âmes, comme fait
la voix d'un prédicateur du haut de la chaire, ni de
remuer les cœurs par des accents dramatiques, ni de
peindre par la parole, comme le poëte; on est content
si elle réussit à indiquer les intentions de l'écrivain,
le caractère des choses et des idées, à reproduire le
mouvement de la parole par les légères ondulations

de l'accent. En un mot, lire avec expression et déclamer sont deux choses différentes , aussi différentes que le salon où, autour de la table, sous la lampe, la famille écoute la lecture d'une œuvre aimée, et le théâtre, où tout est d'accord, scène, public et acteurs, pour faire naître les grandes émotions du drame.

On ne doit point lire des vers comme de la prose, de la prose comme des vers, la comédie comme la tragédie, un récit comme un discours : le bon sens indique cela, le goût le précise; vous avez l'un et l'autre, c'est assez, chère madame, pour faire de vous le professeur que je désire, capable de former votre jeune monde à lire comme il faut lire, simplement, avec intelligence, sans aucun de ces défauts qui font les lecteurs insupportables.

Que toutes lectures ne doivent pas aller du même train, cela est de nécessité élémentaire. Sans parler des écrits qui ne sont bons qu'à être dépêchés, car pour ceux-là la lecture à haute voix serait un honneur immérité, il en est qui, vivement écrits, demandent à être vivement lus. C'est le cas pour les narrations fictives dont l'action plutôt que le style fait l'intérêt, et pour l'histoire même, quand le récit, se concentrant sur un fait dramatique, s'émeut et s'anime. Lorsque le style est, au contraire, pour moitié dans le mérite d'une page narrative, ne fût-ce qu'une anecdote, le débit du lecteur doit se ralentir sans affectation, afin de donner aux agréments de la narration le temps de se laisser reconnaître et de se faire sentir. Ce qui est simplement de récit, ce qui est de dialogue, ce qui est de réflexion, car il se trouve de tout cela dans une historiette bien contée, doit être mis en relief clairement, mais discrètement et sans appuyer.

Tout ouvrage qui, par sa nature, demande de notre part une attention soutenue, et a besoin, pour être compris, du concours de notre jugement, doit être lu d'autre façon ; il ne s'agit ici ni de galoper ni de trotter, il faut aller l'amble, c'est-à-dire le pas tranquille du promeneur que rien ne presse et qui se donne le temps de regarder autour de lui.

J'ai quelquefois, à la campagne, assisté à des lectures de famille, le matin, autour de la table à ouvrage. Pendant que les aiguilles trottaient, une des demoiselles de la maison lisait à haute voix pour toute la compagnie. Rien de paisible et d'attentif comme la physionomie du diligent auditoire ; la voix de la jeune lectrice n'était interrompue que par le bruit obligé des ciseaux qui tombent ou l'exclamation qui signale un dé disparu, un écheveau devenu invisible. Mais la lectrice ! histoire ou roman, œuvre de réflexion badine ou de pensée sérieuse, voyage ou critique, tout était lu par elle du même ton et du même train. Lorsque, à bout d'haleine, elle passait le livre à sa voisine, celle-ci reprenait d'un bon courage le fil de la lecture, ainsi qu'au relais un postillon frais et reposé prend en chantant la place de son camarade et fait claquer son fouet. Comme on lisait, on écoutait, à la tâche, et, je le voyais bien, peu de chose en restait dans l'esprit. Lire, c'est cueillir, ne l'oublions pas, l'étymologie nous donne cette leçon ; or pour cueillir, encore faut-il se donner le temps de saisir, et que le lecteur, si lecteur il y a, nous y aide loin de nous en empêcher. Mais quoi ! tel parlait le lecteur, tel écoutait l'auditoire, et c'était dommage, en vérité, car l'auditoire était des plus intelligents ; seulement personne n'avait été exercé à l'art utile et vraiment charitable de régler la lecture sur les choses qu'on lit, sur l'agrément ou la capacité d'attention de ceux qui vous écoutent.

Mais ne confondons pas l'étude et l'usage qu'on en peut faire. Le lieu et le temps des exercices que je vous prêche, ce n'est pas le salon, ce n'est pas le moment des lectures en famille ; c'est la chambre d'étude, aux heures du travail quotidien. Il n'est pas besoin d'y consacrer le même temps qu'aux leçons ordinaires, un quart d'heure chaque matin devra suffire. Que ce quart d'heure soit employé par vous à faire lire à haute voix des morceaux variés de prose et de vers, avec détail et sans crainte d'interrompre fréquemment le lecteur : c'est le moment de ne lui passer aucune de ses fautes d'habitude, les voyelles escamotées, les syllabes avalées ou traînées, les cantilènes, la voix qui périodiquement tombe ou s'élève en cris soudains, le nasillement surtout qui dénote une certaine paresse d'esprit, effet ou cause d'une certaine paresse d'organe, car il n'est autre chose que l'habitude nonchalante de prononcer sans ouvrir assez la bouche, ce qui force le son à passer par les narines. Ensuite, faisant reprendre la lecture du même morceau, vous veillerez expressément à ce que la ponctuation soit traduite par des repos intelligents, gradués, non par des haltes qui lasseraient l'attention des auditeurs.

Croyez que le jeune lecteur se trouvera bien de cette application de quelques minutes à observer sa diction. On a toujours besoin d'un peu d'éloquence dans la vie, et le moyen d'en avoir, si l'on bredouille, si l'on débite d'une voix sans fermeté, sans accent, des mots sourds et à moitié formés ! Madame du Deffand disait d'un M. Schouvaloff, qu'elle trouvait un peu ennuyeux : « Il n'a nulle inflexion dans la parole, nul mouvement dans l'âme ; ce qu'il dit est une lecture sans ponctuation. » Voilà de quoi il faut se préserver. On dit quelquefois d'une voix qu'elle est ennuyeuse ; cela signifie simplement qu'elle ne sait ni accentuer ni ponctuer. La nature y est pour quelque chose probablement ; mais, en ce cas, le soin devrait et pourrait suppléer à l'aptitude qui manque.

Est-ce tout cher monsieur ? Et la bonne prononciation des mots, ne m'en parlerez-vous point ? Ne me direz-vous pas si je dois exiger de mes écolières, en un art sur lequel je ne me rappelle pas avoir jamais réfléchi, qu'elles fassent sentir les liaisons d'un mot à l'autre ?—Sur ces deux points, sur le dernier surtout, je vous avoue, madame, que je me proposais, pour bonnes raisons, de garder un silence prudent ; mais, ayant trouvé récemment une autorité considérable pour appuyer mes conseils, je puis sans témérité essayer de vous satisfaire.

Pour la prononciation, de même que pour les mots, il n'y a chez nous qu'un législateur, l'usage. L'Académie française, qui se chargea d'enregistrer les arrêts du maître à l'égard des mots, se crut dispensée d'en faire autant pour la prononciation. Cependant, lorsqu'elle entreprit le *Dictionnaire*, un tel soin devait lui paraître d'autant moins superflu, que la manière d'écrire les mots français, purement étymologique, ne figurait pas du tout la manière de les prononcer, et que celle-ci étant essentiellement tradition-

14.

nelle, il valait la peine de noter cette tradition, ce qui eût aussi contribué à fixer la langue. Quoi qu'il en soit, l'Académie s'en est remise à l'usage du soin de se conserver lui-même, tâche dont il s'est acquitté jusqu'au commencement de ce siècle avec une heureuse fidélité. Dès lors, la société restreinte qui avait régné en souveraine sur la langue ayant perdu et perdant rapidement de son autorité à mesure que son cercle s'élargissait, l'usage, en fait de prononciation, est devenu chaque jour moins sévère et plus hésitant. Le Théâtre-Français, que l'opinion acceptait pour le dépositaire de l'ancienne tradition et le régulateur de la nouvelle, s'est mis lui-même à flotter, à l'exemple du public, et à subir, sans s'en apercevoir, les influences de l'usage courant à mesure qu'il changeait [1].

Dans son évolution présente, chose à remarquer, l'usage, livré en quelque sorte à lui-même, cherche visiblement à se placer sous une autorité nouvelle. Malheureusement sa tendance générale est de conformer la prononciation à l'écriture.—Malheureuse-

[1] Cette remarque est de M. Littré, qui, pour la prononciation, est ici mon guide, et que je ne fais qu'abréger. (V. la *Préface* de son Dictionnaire.) Nous ajouterons avec regret que, sur cette illustre scène, on paraît quelquefois trouver piquant et distingué de renverser l'usage ancien. Tel acteur y prononce *pas encore, pá encore,* et *mais, oui ! mé-zouï.*

ment, dites-vous? Quoi pourtant de plus simple et de plus rationnel?—Rien de plus simple, j'en conviens. Tous les hommes, et le nombre en augmente rapidement, que le travail, l'étude font passer des rangs de la société agricole et ouvrière dans ceux de la société lettrée, qui ont appris la langue dans les livres « sans peut-être l'avoir apprise suffisamment par l'oreille, » sont naturellement portés à en croire plutôt l'orthographe que leurs souvenirs et, pour plus de sûreté, à faire sentir en conscience toutes les lettres des mots. Mais si cette tendance s'explique aisément, elle n'en est pas moins à regretter. M. Littré vous dira en autant de termes que, dans une langue comme la nôtre, dont l'orthographe est généralement étymologique, il ne peut y avoir rien de plus défectueux et de plus corrupteur qu'une pareille tendance.—En nous éloignant de la tradition, elle va en effet à dénaturer l'essence de la langue française, à en changer la sonorité et à nous faire lire ce que nos orateurs, nos poëtes d'un autre siècle n'ont pas écrit, ce que leur oreille n'a pas entendu, quand ils écoutaient la muse.

Parmi les usages traditionnels que cette disposition à conformer la prononciation à l'écriture efface rapidement, on doit regretter l'ancien usage très-rationnel d'allonger les pluriels des noms terminés par une consonne. Disons, pour le bon exemple, le chat, le sot, les *chá*, les *só*. *Les* étant plus long que *le*, il est naturel d'allonger aussi le substantif; cette nuance tient à mieux qu'une convention [1].

Je dois vous dire encore que mon auteur condamne formellement l'habitude nouvelle de faire sonner les consonnes doubles, comme on fait en certains départements et en quelques quartiers de Paris, où l'on prononce *appeler, app'eler, aller, all'er, sommet, somm'et.*

Pour la prononciation exceptionnelle de certains mots assez nombreux, je suis obligé de vous renvoyer aux dictionnaires qui la donnent, avant tout à celui de M. Littré, qui la cherche avec soin dans la tradition, et je passe aux liaisons.

Doit-on ou ne doit-on pas lier? Un premier point certain à noter, c'est qu'au XVIIe et au XVIIIe siècle on liait fort peu, et que, s'il y a quelque chose de naturel et d'instinctif, et j'ajoute de sensé, c'est, je ne dirai pas de ne point lier du tout, mais de faire comme on faisait alors. Assurément, c'est de l'oreille et non de l'orthographe que la prononciation doit recevoir ses lois, la raison le dit assez: et puis, comment ad-

---

[1] Aux deux derniers siècles, *fils* se prononçait *fi*; aujourd'hui, on dit *fiss*. Il n'y a pas si longtemps, on prononçait *beú*, *eú*, le pluriel de *bœuf* et d'*œuf*. Certes, la vieille prononciation valait bien la nouvelle; restons-y fidèle le plus que nous pourrons, et puisqu'on nous le permet, disons aussi hardiment *reine-glaude* et non *reine-claude*, *segond* et non *sekond*.

mettre que deux mots auront mieux tout leur sens et seront plus clairs à mon esprit parce qu'en les prononçant vous m'aurez fait entendre entre eux un son qui n'appartient ni à l'un ni à l'autre ? Un exemple : *Le sot est insupportable ;* prononcez les mots à part, vous ne direz point *sott,* vous ne direz point *t'est,* vous ne direz point *t'insupportable,* pourquoi alors prononceriez-vous *le so-t'est-t'insupportable.* Aurez-vous rendu le sens plus intelligible et l'oreille plus satisfaite ? Autre exemple : *Attendez un peu.* Quelle bonne raison alléguer pour prononcer *attendé-zun peu,* qui fait penser aux beaux diseurs de la Halle d'autrefois, lesquels, le dimanche liaient en *z* et la semaine en *t. Attendé un peu* est infiniment plus doux. — Mais l'*hiatus?* — Eh bien ! quand l'*hiatus* est plus agréable à l'oreille que la liaison, va pour l'*hiatus!* C'est l'oreille seule qui a introduit, pour la forme interrogative, l'usage impérieux de lier le verbe à son pronom et de prononcer *vaut-il, vient-elle, vau-til, vien-telle* et non *vau-il, vien-elle ;* si bien, qu'en cas d'absence d'une consonne à la fin du verbe, on y supplée dans l'orthographe même par un *t,* et l'on écrit comme l'on prononce, *viendra-t-il?*

Le fait est qu'il y a des liaisons d'usage qu'il faut respecter ; hors celles-là, liberté entière dans la lecture et dans la conversation ; liberté restreinte, lorsqu'on déclame des vers ou de la prose, car alors la sonorité trouve son compte aux liaisons ; bien entendu qu'elles ne seront ni dures ni désagréables. Dans le vers si connu du *Glorieux :*

> La critique est aisée et l'art est difficile,

l'acteur serait un sot s'il liait et prononçait *l'arte*... De même on ne doit point débiter ce vers de Malherbe :

> La mort a des rigueurs à nulle autre pareilles,

comme s'il y avait *la morte* a des rigueurs. L'*r* final des infinitifs ne se prononce pas ; le lier, même dans le débit du vers avec la voyelle suivante, ne servirait souvent qu'à faire grincer le vers. Toutefois, l'Académie française admet cette liaison, non dans la conversation, mais dans la lecture et le discours soutenu. Je m'incline, en vous priant seulement d'essayer ces deux façons de prononcer sur le second de ces vers d'*Athalie :*

> Je viens, selon l'usage antique et solennel,
> *Célébrer* avec vous la fameuse journée.

Vous conviendrez sans difficulté que *célébré avec vous* est bien préférable à *célébrair'avec*...

Quant à la conversation, sachez que l'abbé d'Olivet disait, il y a plus d'un siècle : « La conversation des honnêtes gens (lisez des gens bien élevés) est pleine d'hiatus volontaires qui sont tellement autorisés par l'usage, que, si l'on parlait autrement, cela serait d'un pédant ou d'un provincial. » Cet usage est encore aujourd'hui celui des salons où l'on parle avec le plus de distinction et de naturel.

Encore une observation. En exerçant vos filles à bien lire, n'allez pas, sur l'autorité de l'usage parisien, leur faire remplacer les *l* mouillées par l'*y* et prononcer *Versailles*, *Versá-yes* ; *pareille*, *parai-ye* ; *charmille*, *charmî-ye* ; *bataille*, *batá-ye*, etc. M. Littré déclare *vicieuse* cette manière de prononcer, et l'oreille, comme le goût, le déclare avec lui. Disons-en hardiment autant de l'usage d'allonger l'*a* dans les terminaisons des substantifs en *ation : administrátion*, *adorátion*, *consternátion*, etc. C'est exagérer désagréablement une loi naturelle de la prononciation française. Il est bien du génie de notre langue d'appuyer sur l'avant-dernière syllabe des mots ; mais accentuer n'est pas allonger, distinction que le théâtre n'observe pas assez. Pour ces mots si nombreux de notre vocabulaire terminés en *ation*, faites, dirais-je à vos élèves, ressortir l'*a*, allongez légèrement si vous voulez, mais de grâce n'ouvrez pas la bouche comme si vous chantiez au lutrin.

En voilà bien assez, chère madame, pour vous

prouver que la bonne diction est, après tout, la diction la plus naturelle; qu'il n'y a point de mystère là-dessous, et pas d'autres difficultés que celles qu'on s'étudierait à y mettre.

J'ai connu un savant, un philosophe, madame, qui s'était fait scier une dent au bon endroit, afin de prononcer l'anglais avec ce léger sifflement qui dénote le gentleman de distinction. Nous n'avons point tant de sacrifices à faire pour bien prononcer notre langue maternelle. Cependant il serait bon de lui conserver ses avantages sur ce point là comme sur d'autres. On dit que la Touraine est la province où l'on entend le meilleur français de France; ceci s'applique, je pense, à la prononciation. En ce cas, nous ferions bien de prendre en Touraine les nourrices et les bonnes de nos filles. Mais la mode n'est pas si prévoyante : c'est en Angleterre et en Allemagne que nous allons leur chercher leurs premières institutrices, après quoi, de renfort, nous les bourrons dans leurs études d'allemand et d'anglais. Je crains que cette méthode ne mette en grand péril le doux parler de France et n'en efface peu à peu la tradition. Que si la connaissance des langues étrangères est dans notre éducation moderne d'une indispensable nécessité, pourquoi dédaigner, comme nous faisons, l'italien que les dames françaises du XVIIᵉ siècle apprenaient généralement. En même temps qu'il leur ferait connaître, par sa poésie, le charme d'une langue harmonieuse et sonore, l'italien habituerait nos filles à ouvrir la bouche en lisant, à articuler courageusement les mots, à les relever comme il convient d'un léger accent, et à ne pas s'effrayer du bruit de leur voix. Mais tout cela peut être obtenu du français, par les simples exercices que je conseille.

LETTRE VINGTIÈME

Vous croyez bien, madame, qu'en fait de lecture, je n'entends pas borner vos filles à ces courts exercices jusqu'à ce qu'elles aient fait connaissance avec les principes de littérature, dont je vous propose de les occuper un jour. Au contraire, à mon avis, vous ne sauriez trop tôt leur donner l'habitude des lectures suivies et régulières, en famille et chez elles.

Un peu d'adresse serait ici nécessaire pour que l'habitude devint un goût, si, ce que je suppose par excès de précaution, ce goût n'existait pas encore. Les séances seraient d'abord très-courtes, les morceaux lus, de peu d'étendue; en un mot, vous ne compteriez que sur une somme d'attention très-légère, prenant seulement vos dispositions pour qu'elle fût loyalement dépensée. Par-ci par-là, des questions, des remarques seraient le prétexte de haltes qui permettraient à l'attention de reprendre haleine; les instants réservés à la lecture s'allongeraient peu à peu; l'on gagnerait ainsi pied à pied du terrain sur la distraction, le vague et peut-être l'ennui. En créant l'habitude, on aurait fait naître le besoin, et la vue d'un livre ne causerait plus d'effroi: la victoire serait assurée. L'essentiel, pour en venir là, est de ne jamais laisser arriver le moment où les oiseaux légers qui habitent toute tête de jeune fille secouent leurs ailes et prennent le vol.

Lorsqu'on a gagné ce point nécessaire et obtenu, d'étape en étape, une demi-heure, trois quarts d'heure, une heure d'attention sans effort, on peut alors se préoccuper moins de trouver des lectures faciles et attrayantes. C'est là le second point à conquérir, conquête non moins importante que la première, car il est impossible, comme on l'a remarqué, de devenir très-instruit, si on ne lit que ce qui plaît.

—Mais est-il donc bien nécessaire que mes filles soient très-instruites?

—Non, mille fois non, répondrais-je sans hésiter, s'il devait en résulter pour elles, soit le dégoût des occupations domestiques, soit l'indifférence pour les plaisirs de leur âge, enfin s'il devait leur en coûter beaucoup de temps ; mais rien de cela n'est à craindre.

Remarquez, s'il vous plaît, qu'il ne s'agit ici que de l'instruction qu'on peut acquérir par la lecture, non de l'étude approfondie des diverses sciences. Eh bien! c'est une vérité dont peut-être vous avez fait vous-même l'expérience sans la noter, qu'en consacrant une heure de chaque jour à un travail déterminé, on arrive au bout de la tâche bien plus tôt qu'on ne l'aurait cru possible. Moyennant une heure,—en allant jusqu'au luxe, nous dirions deux heures,—de lecture par jour, le nombre de bons livres qu'on peut lire en une année, la quantité de connaissances nouvelles qu'on peut acquérir est considérable, sans proportion avec le temps qu'on aura dépensé. S'il est admis que les hommes voués aux carrières libérales doivent diviser leur vie en trois parts égales, l'une consacrée au travail, la seconde au repos et aux distractions, la troisième réservée au sommeil réparateur qui permet de recommencer le lendemain, comment trouver déraisonnable que leurs femmes et leurs filles emploient une ou deux de ces vingt-quatre heures à tenir leur intelligence en haleine, et à la nourrir par des lectures choisies et bien faites? Ces heures seront volées à l'ennui peut-être, mais au travail obligé, aux distractions, au repos nécessaire du jour, de bonne foi, le croyez-vous?

Ah ! par exemple, l'heure réservée à la lecture, il faut la défendre jalousement contre soi-même, contre les tentations de la paresse ; il faut que rien n'en soit perdu pour l'accroissement insensible de notre petit trésor de connaissances ou de réflexions. A cette fin, on s'habituera à lire, comme on dit, la plume à la main, c'est-à-dire à prendre quelques notes, à relever des passages que l'on sera bien aise de retrouver, et même, le livre fini, à en résumer sommairement, si l'ouvrage le comporte, l'objet et les données principales. Ce petit travail, j'en ai fait l'expérience, a plus d'un avantage ; il rend la lecture, pour ainsi dire, active, et par là plus intéressante ; il nous fait apercevoir dans une page ce qui aurait échappé à notre attention, moins tenue en bride ; il marque enfin dans notre esprit la trace de bien des livres que notre mémoire toute seule eût laissé s'effacer bientôt. Et puis on se fait ainsi des recueils où il y a plaisir et profit à venir de loin en loin rafraîchir le souvenir de ses lectures, et se confirmer, en quelque sorte, dans la possession de ce qu'elles vous ont appris.

Pour mener à bien ces recueils et prévenir leur mort précoce, que la jeune lectrice note bravement ce qu'elle est tentée de noter, sans se dire jamais : mais ceci en vaut-il vraiment la peine? et cette anecdote, cette parole, ne m'en souviendrai-je pas toujours? Notez d'abord, mademoiselle, vous trierez un jour, et si alors vous ne pouvez vous empêcher de sourire ici et là, en voyant ce qui vous avait intéressée jadis, vous vous direz : « Il y a commencement à tout ; si je n'avais pas noté ce passage, il en est bien d'autres que je n'aurais pas remarqués depuis. »

Quelques personnes ont deux recueils ; dans l'un elles transcrivent simplement les remarques, les pensées, les pages dont elles désirent garder la mémoire ; l'autre est consacré à une brève notice des ouvrages lus, avec remarques et citations, s'il y a lieu. C'est affaire de commodité et de méthode, et comme, en fait de méthode, la meilleure est la plus simple, je conseille de commencer par un recueil unique. Dans l'un et l'autre cas, les titres des ouvrages, le nombre des volumes et la date de l'édition doivent être relevés avec exactitude, afin que plus tard on puisse facilement retrouver qu se procurer l'ouvrage. Une petite table des matières tenue à jour, aux dernières ou aux premières pages du cahier, complétera l'utilité du recueil. Rien de ces légers soins n'emploiera beaucoup de temps ; d'ailleurs pour les pages à transcrire simplement, on peut utiliser les quarts d'heure sans emploi, ou mieux encore, les quarts d'heure d'attente forcée si nombreux en toute journée. Je ne sais plus quel savant, alors professeur

dans un pensionnat, avait trouvé le temps de compo-
ser un dictionnaire qui commença sa réputation, en
mettant à profit le peu de minutes qui séparaient la
fin de la classe de l'heure du dîner.

Le livre fermé et le recueil aussi, notre lectrice
qui a de l'esprit, et d'abord ce bon esprit qui s'accommode de tout, va gaiement à la tâche domestique ou
aux distractions qui l'attendent. Oui, gaiement, et
pourquoi non? Est-ce que de cultiver sa raison en
ornant son intelligence, lui aurait ôté son entrain?
N'ayons pas de la raison une idée si injuste et
si fausse. Écoutez ce petit dialogue entre demoiselles
de Saint-Cyr :

« La raison a quelque chose de bien sérieux et
d'opposé aux plaisirs. —N'est-ce point qu'on la confond avec la sévérité ?—Mais ne trouvez-vous point
que les personnes qui raisonnent continuellement
sont ennuyeuses ?—Si elles raisonnent continuellement, elles ne sont pas raisonnables, car il ne faut
pas toujours raisonner.—Pourquoi? qu'est-ce qu'elles
peuvent mettre de mieux dans le commerce (la
société) ?—De la complaisance, de la joie, du badinage, du silence, de la condescendance, de l'attention aux autres. »

Si la lecture a enlevé à notre jeune fille de tout à
l'heure son entrain et sa bonne humeur, c'est que la

mesure d'application aura été dépassée, ou que la vanité se glissant à la place de l'innocent et pur désir de s'instruire pour savoir, l'ambition de passer pour studieuse, l'empressement à se montrer instruite, l'amour-propre en un mot auront troublé l'aimable sérénité qui est le prix de la modestie. Sans doute, une mère doit surveiller attentivement l'apparition de tels symptômes et prévenir la tentation, en répétant à ses filles cette sage maxime : « Qu'il est de la modestie d'une fille ou d'une femme de paraître ignorer bien des choses, quand même elles les sauraient, » et en les avertissant que le moment ne viendra pas de sitôt où le monde leur demandera, que dis-je ? leur permettra de déployer devant lui ses connaissances. Mais, ne soyons pas dupes et ne mettons pas les sottises secrètes de la vanité au compte de cette pauvre lecture qui en est bien innocente. Je ne sais pas découvrir, je l'avoue, en vertu de quelle loi de la nature humaine, une jeune personne qui cultiverait son intelligence dans la mesure de ses facultés et de ses loisirs domestiques, serait condamnée à devenir nécessairement, dans le monde et chez elle, maussade et babillarde, hautaine et désobligeante. N'est-il pas bien plus probable qu'elle trouverait, dans les ressources agrandies de son esprit, mille raisons comme mille moyens d'être tout le contraire, la joie des siens et l'ornement de la société? Soyez-en bien convaincue, madame, l'étude qui forme doucement notre raison ne nuit à rien ; elle aide à tout, même au plaisir. « Amusez-vous bien, écrivait Bonstetten à une jeune personne, pour lors à Rome, où venaient la chercher les conseils de son vieil ami, amusez-vous bien, mais ne sortez jamais de l'entrain des bonnes études. Rome, les arts et les antiquités seront de délicieuses occupations qui vous charmeront toute la vie, et qui vous rendront même les bals plus agréables. Le plaisir ne vient qu'après la pensée et avec la pensée, et la pensée gagne au plaisir : la vie est une mélodie où il faut que tout soit d'accord et en harmonie. » — Ne me dites pas que ce conseiller octogénaire en parlait bien à son aise; que ce sont là des songes de moraliste. La jeune personne à qui il s'adressait devait suivre de point en point ses conseils, et réaliser ce bel idéal sans le laisser s'amoindrir un jour, pendant trente années de la vie la plus occupée, la plus répandue qui fut jamais. Lisant tout, prenant note de tout, n'ignorant rien de ce qui se passait, rien de ce qui se publiait en Europe et au loin, non-seulement dans le monde des lettres, mais encore dans celui des sciences, pour lesquelles elle avait une aptitude particulière que sa façon

rapide et gracieuse de causer sans appuyer laissait
rarement entrevoir; elle était capable d'allumer et
de diriger la conversation sur tous sujets. Il fallait la
voir chez elle, dans son petit salon, recherché par
des hommes de tout genre de mérite et de célé-
brité, depuis l'ancien ministre jusqu'à l'académi-
cien, depuis l'historien jusqu'au naturaliste, depuis
l'homme du monde spirituel jusqu'à la femme distinguée : d'une adresse sans égale à lancer chacun
dans sa voie, sans lui permettre jamais de s'y arrêter
longtemps, elle savait, d'un mot intelligent et gracieux, parler à tous en personne informée et com-
pétente du sujet qui les intéressait. Cependant et
sans qu'elle en parût préoccupée le moins du monde,
causant ménage avec le même naturel et la même
gaieté que du reste, elle administrait sa maison, ses
affaires avec un détail exact, d'une main habile et
d'un regard vigilant, de même qu'elle semait autour
d'elle les services les plus affectueux, les œuvres utiles,
les preuves d'intérêt de toute espèce, n'oubliant jamais personne, et ne manquant en aucune circonstance à aucune des délicates attentions de l'amitié.

Que madame de C......, car vous l'avez reconnue
à ces quelques traits [1], fût douée, comme bien peu de

---

[1] Mlle Anastasie Klustine, mariée en 1830, à M. le comte
de C......, enlevée il y a quelques mois, à cinquante-

femmes le sont, je vous l'accorde; mais enfin l'étude, qui avait développé ces dons, ne lui avait rien ôté de ses grâces et de ses vertus de femme, rien de son activité à bien faire, à consoler, à aider, à servir, et quel exemple plus concluant en faveur de l'éducation littéraire des femmes pourrait-on souhaiter ou imaginer? Quand je pense à la place utile et respectée que cet être charmant tenait dans le monde, conciliant, rapprochant, forçant aux égards mutuels les caractères les plus entiers, les opinions les plus opposées, je me sens de plus en plus convaincu que les femmes, en France, par la faute de leur éducation, ne possèdent que la moitié, et ce n'est pas la meilleure, de l'empire qu'elles pourraient exercer sur les mœurs et l'esprit de la nation. C'est, je crois, M. Saint-Marc Girardin qui l'a dit: « Rien ne sert plus au perfectionnement de la société que la bonne éducation des femmes. Règle générale, les sociétés valent d'autant plus que les femmes y valent mieux. Ce sont les femmes qui fixent le niveau de la civilisation chez un peuple. »

A quoi tient donc qu'en France les femmes n'ont

deux ans, après six années de souffrances supportées avec héroïsme, à l'homme distingué dont elle était la compagne, et à la société où elle laisse un vide qui ne sera pas comblé.

pas dans notre société le crédit sérieux qu'elles pourraient avoir, le rôle bienfaisant qu'elles y pourraient jouer? A ce que l'éducation intellectuelle n'y soutient pas assez chez elles l'éducation morale. Les hommes ne s'en plaignent pas; mais, qu'ils s'en rendent compte ou non, leur estime est proportionnée au degré de mérite réel qu'ils trouvent chez les femmes. Une d'elles l'a dit avec force: « Qu'on ne s'y trompe pas, la vraie capacité est toujours estimée, c'est la prétention à la capacité qui déplaît. Les hommes ont beau s'armer d'indulgence, un fond de mépris pour les intelligences étroitement limitées perce chez eux de toutes parts[1]. »

Il y aurait plus d'un conseil à tirer de cètte observation trop juste dans sa dure sincérité; bornons-nous à un seul.

Reculer peu à peu, sans effort, sans bruit, les étroites limites où le préjugé enferme l'éducation intellectuelle des femmes sous la garde de l'indolente routine; dans leur éducation à brevet, où l'air ni la lumière ne jouent librement, ouvrir les fenêtres (sans casser les vitres toutefois) pour y faire pénétrer le souffle vivifiant de la réflexion et les gaies clartés de l'imagination; diversifier, réjouir leurs étu-

---

[1] Madame Necker de Saussure, *Éducation progressive.*

des, telle est la tâche que nous impose aujourd'hui, à tous et plus que jamais, l'intérêt de la famille comme celui du pays. L'éducation des jeunes personnes n'est pas négligée en France, assurément : l'Université elle-même veut bien veiller, par ses inspecteurs et ses examens, à ce qu'une instruction sagement dosée leur soit offerte de la main d'institutrices formées suivant des programmes dûment délibérés, et pourvues, après examen, d'un certificat de capacité. Mais combien cette prévoyance tutélaire aurait plus de droits à la gratitude des familles, si, en traçant aux études un champ moins géométriquement déterminé, elle laissait mieux entrevoir aux jeunes *Capables* à qui est réservé le soin d'instruire nos filles que, par delà l'horizon des programmes et des manuels, il y a encore des horizons ; qu'aucune méthode, si bonne qu'elle soit, ne dispense d'exercer le jugement ; que le goût se forme, qu'il ne s'achète pas tout fait. Ces Françaises diligentes et avisées que l'on voit, à la tête d'un comptoir, faire la fortune de leurs maris et de leurs enfants, nous disent assez de quelle étoffe excellente est faite l'intelligence des femmes de leur nation. Laissez-les seulement cultiver et orner leur esprit, celui de leurs filles, librement, gaiement, non par des formules, mais par la réflexion, par la lecture, et vous verrez des miracles.

C'est de mères telles que vous, madame, que doit leur venir la leçon et l'exemple; loin de s'en blesser, l'Université applaudira. (¹)

¹ L'Université a fait mieux qu'applaudir, elle leur est venue en aide par l'association de quelques-uns de ses professeurs les plus éminents, pour l'*Enseignement secondaire des filles*, enseignement neuf en France, organisé sous les auspices et la surveillance du ministre de l'instruction publique, M. Duruy.

FIN.

TABLE DES MATIÈRES.

FIN DE LA TABLE DES MATIÈRES.

Paris.—Imprimerie de Jules Bonaventure, quai des Grands-Augustins, 55

LIBRAIRIE

DE

J. HETZEL

ÉDITEUR

SUPPLÉMENT AU CATALOGUE

Septembre 1867

—

PARIS, 18, RUE JACOB

ETUDES
D'APRÈS LES GRANDS MAITRES

DESSINS ET LITHOGRAPHIES
Par A. COLIN
PROFESSEUR DE DESSIN A L'ÉCOLE POLYTECHNIQUE

Ouvrage adopté par le ministère de l'Instruction publique, à l'usage des Lycées et des Écoles.

Album in-folio : 20 planches.

Prix : cartonné bradel................... 20 fr.
— cartonné toile, avec titre doré.... 22 fr.

Chaque planche se vend séparément, collée sur carton, avec texte au dos.
Prix de chaque planche : 1 fr. 25.

RÉCAPITULATION DES VINGT DESSINS PARUS.

1re PLANCHE. Tête de jeune homme, vue de profil et coiffée d'une calotte, par Léonard de Vinci.

2e PLANCHE. Étude pour la figure de Bramante, qui se trouve dans la *Dispute du Saint-Sacrement*, par Raphaël.

3e PLANCHE. Tête de jeune femme, les yeux baissés, par Frederigo Barocci.

4e PLANCHE. Enfant ailé assis tenant un aigle, au-dessus : Enfant tenant un lion ailé, par Antonio Allegri, dit *il Correggio*.

5e PLANCHE. Première pensée de la figure du *Christ remettant les clefs à saint Pierre*, par Raphaël.

6e PLANCHE. Tête de vieillard coiffée d'une toque, par Lorenzo di Credi.

7e PLANCHE. Étude d'une tête d'enfant, par Pierre-Paul Rubens.

8e PLANCHE. Tête de vieille femme coiffée d'une draperie, par Cardi Ludovico da Cigoli.

9e PLANCHE. Étude d'après nature pour un Christ mort, par Michel-Ange Buonarroti.

10e PLANCHE. La Vierge et l'Enfant Jésus, par Raffaello Santi ou Sanzio.

11e PLANCHE. Tête de vieillard chauve, vue de trois quarts, par Léonard de Vinci,

12e PLANCHE. Buste de jeune femme, la tête inclinée en avant, par Francesco Mazzola dit : *il Parmigianino*.

13e PLANCHE. Homme nu, assis, vu de face jusqu'aux genoux, la tête levée et jouant de la flûte de Pan, par Antonio Allegri, dit *il Corregio*.

14e PLANCHE. Homme debout, appuyé contre un mur, et tenant de ses deux mains une hallebarde, par Tiziano Vecelli.

15e PLANCHE. Étude pour deux figures d'apôtres (tableau de la *Transfiguration*), par Raffaello Santi ou Sanzio.

16e PLANCHE. Étude de deux dames, dont l'une porte un petit chien, par Pierre-Paul Rubens.

17e PLANCHE. Tête de jeune homme; une couronne de feuilles de chêne est mêlée à sa chevelure, par Léonard de Vinci.

18e PLANCHE. Tête d'ange, vue de trois quarts, par Antonio Allegri, dit *il Corregio*.

19e PLANCHE. Le Christ mort dans les bras de sa mère, par Daniel Crespi. (Musée de Madrid.)

20e PLANCHE. Croupe tiré de la *Création de l'homme* dans les voussures de la chapelle Sixtine, au Vatican, par Michel-Ange Buonarroti.

NOTA. — Les planches 4, 9, 13 et 15 sont remplacées, pour l'édition *destinée aux jeunes filles*, par celles suivantes, portant les mêmes numéros accompagnés d'un A, afin de les distinguer de l'autre édition.

PLANCHE 4 A. Tête de la Vierge dans le tableau du Louvre. — La Vierge sur les genoux de sainte Anne, par Léonard de Vinci.

PLANCHE 9 A. Tête baissée d'un religieux (à la sanguine), par Fra Bartolommeo.

PLANCHE 13 A. Tête du Christ couronnée d'épines, par Léonard de Vinci.

PLANCHE 15 A. Étude d'après nature pour la Vierge du tableau de la Sainte-Famille, peint en 1518 pour François 1er, par Raphaël.

1

ERCKMANN-CHATRIAN (Œuvres de)

ROMANS NATIONAUX ILLUSTRÉS.

PREMIÈRE PARTIE.

LE CONSCRIT DE 1813.	12 liv. réun. en une série de	1 25
MADAME THÉRÈSE.	11	—	1 15
L'INVASION.	13	—	1 35
WATERLOO.	15	—	1 55

Réunis en un volume contenant 102 dessins. — Broché, 5 fr.;
cartonné toile, 7 fr.; relié, 9 fr.

DEUXIÈME PARTIE.

L'HOMME DU PEUPLE.	15	—	1 50
LA GUERRE	12	—	1 20
LE BLOCUS	12	—	1 35

Réunis en un volume contenant 80 dessins. — Broché, 4 fr.;
cartonné toile, 6 fr.; relié, 8 fr.

Les deux parties, réunies en un volume contenant 182 dessins

Broché, 9 fr.; cartonné toile, 11 fr.; relié, 13 fr.

CONTES ET ROMANS POPULAIRES.

PREMIÈRE PARTIE.

ILLUSTRE DOCTEUR MATHÉUS. .	11 liv. réun. en une série de	1 10
HUGUES LE LOUP.	11	—	1 15
MAITRE DANIEL ROCK.	10	—	1 05
CONTES DES BORDS DU RHIN. .	10	—	1 10

Réunis en un volume contenant 82 dessins. — Broché, 4 fr.;
cartonné toile, 6 fr.; relié, 8 fr.

DEUXIÈME PARTIE.

L'AMI FRITZ.	12	—	1 25
JOUEUR DE CLARINETTE.	13	—	1 35
MAISON FORESTIÈRE.	10	—	1 »
LE JUIF POLONAIS.	10	—	1 05

Réunis en un volume contenant 88 dessins. — Broché, 4 fr. 50;
cartonné toile, 6 fr. 50; relié, 8 fr. 50.

Les deux parties, réunies en un volume contenant 171 dessins

Broché, 8 fr. 50; cartonné toile, 11 fr.; relié, 13 fr.

ÉDITIONS DE LUXE ILLUSTRÉES
à 10 centimes la livraison.

GRANDVILLE

LES ANIMAUX PEINTS PAR EUX-MÊMES
SCÈNES DE LA VIE PUBLIQUE ET PRIVÉE DES ANIMAUX

80 livraisons à 10 centimes ou 8 séries à 1 fr. 10

Réunis en 1 volume contenant 320 dessins.

Broché, 8 fr.; — cartonné toile, 11 fr.; — relié, 12 fr.

KAULBACH

LE RENARD DE GOETHE

Traduit par GRENIER. — Contenant 60 dessins.
Un volume broché, 2 fr.; cartonné doré, 3 fr. 50.

JULES VERNE (Œuvres de)

VOYAGES EXTRAORDINAIRES
AVENTURES DU CAPITAINE HATTERAS :
LES ANGLAIS AU POLE NORD — LE DÉSERT DE GLACE

Un beau volume contenant 150 dessins par RIOU.

Broché, 6 fr.; — cartonné en toile, 8 fr.; — relié, 10 fr.

VOYAGE AU CENTRE DE LA TERRE, 28 livrais. à 10 c.
ou 1 vol. broché, 3 fr., toile dorée......................... 5 fr.
CINQ SEMAINES EN BALLON, 34 livraisons à 10 c. ou un
volume broché, 3 fr. 50, toile dorée.................... 5 fr.

Ces deux ouvrages sont aussi réunis en un volume contenant
120 dessins, broché, 6 fr.; cartonné toile, tranche dorée, 8 fr.;
relié, tranches dorées, 10 fr.

EN COURS DE PUBLICATION

LES ENFANTS DU CAPITAINE GRANT, à 10 c. la livraison.

*

GAVARNI — GRANDVILLE
LE DIABLE A PARIS
PARIS A LA PLUME ET AU CRAYON
1,000 dessins
550 SCÈNES ET TYPES AVEC LÉGENDES, DE GAVARNI

450 dessins par Grandville, Bertall, Cham, Dantan, etc.

**TEXTE PAR BALZAC, ALFRED DE MUSSET
GEORGE SAND, STAHL, BARBIER, SUE, SOULIÉ, NODIER
GOZLAN, GUSTAVE DROZ, ETC.**

*Les 100 premières livraisons à 10 centimes
et les 10 premières séries à 1 fr. 10 formeront une partie complète.*

Il paraît deux livraisons par semaine depuis le 13 juin 1867.

Le 15 novembre 1867 paraîtra un volume do 50 livraisons à 10 cent.

Prix : broché, 5 fr.; cartonné doré, 7 fr.; relié doré, 9 fr.

TEXTE PAR	INTRODUCTION PAR
JULES VERNE	**THÉOPHILE LAVALLÉE**

GÉOGRAPHIE ILLUSTRÉE
DE LA FRANCE ET DE SES COLONIES
100 dessins et gravures par CLERGET et RIOU

100 cartes par B. CONSTANS, gravées par SEDILLE

*La géographie d'un département, avec carte et gravure, pour
10 centimes.*

Il paraît deux livraisons par semaine depuis le 3 juin 1867.

Toutes les cinq semaines paraîtra une série brochée de 10 livraisons à 1 fr. 10

L'OUVRAGE COMPLET COUTERA **10 FR.**, BROCHÉ.

Le 15 novembre 1867 paraîtra un volume de 50 livraisons à 10 cent.

Prix : broché, 5 fr.; cartonné doré, 7 fr.; relié doré, 9 fr.

EN PRÉPARATION :
L'ESPRIT DES BÊTES, DE TOUSSENEL
Dessins par E. Bayard.
ENVIRON 40 LIVRAISONS A 10 CENTIMES

OUVRAGE

COURONNÉ PAR L'ACADÉMIE FRANÇAISE

MAGASIN
D'EDUCATION
ET DE RÉCRÉATION

Encyclopédie de l'Enfance et de la Jeunesse

DIRECTEURS

JEAN MACÉ — P.-J. STAHL — JULES VERNE

UNE LIVRAISON DE 32 PAGES TOUS LES QUINZE JOURS

AVEC NOMBREUSES ILLUSTRATIONS.

Cette publication remonte, comme création, à la date du 20 mars 1864. Les sept volumes parus, format grand in-8° jésus, contiennent 8 grands ouvrages, 200 contes et articles divers, et environ 1,400 gravures de nos premiers artistes.

Abonnement annuel : Paris, 12 fr.; Départements, 14 fr.

Volume broché, 6 fr.; cartonné toile dorée, 8 fr.

LA COLLECTION COMPLÈTE PARUE, BROCHÉE, 42 FR.

LES

CONTES DE PERRAULT

SPLENDIDE ÉDITION IN-FOLIO, ILLUSTRÉE PAR GUSTAVE DORÉ

Riche reliure anglaise, 25 francs.

BIBLIOTHÈQUE DES FAMILLES

OUVRAGES ILLUSTRÉS.

Volumes in-8° et in-4°.

CHERVILLE (MARQUIS DE).

L'HISTOIRE D'UN TROP BON CHIEN, vignettes par An-
drieux. 1 vol. in-8°, cart., 8 fr.; relié, 10 fr., broché...   6 fr.

FATH (GEORGES).

PIERROT A L'ÉCOLE. 1 volume-album in-8°, contenant
31 dessins. Richement relié, 5 fr.; cartonné bradel....   3 fr.

FRŒLICH.

ARITHMÉTIQUE DE MADEMOÏSELLE LILI. 1 volume-
album contenant 48 dessins. Richement relié, 5 fr.;
cartonné bradel ....   3 fr.

VOYAGE AUTOUR DU MONDE DE MADEMOISELLE LILI.
1 volume-album contenant 48 dessins. Richement relié,
7 fr.; cartonné bradel ....   5 fr.

MADEMOISELLE LILI A LA CAMPAGNE. 1 volume-album
contenant 24 grands dessins. *Nouvelle édition.* Relié
richement, 5 fr.; cartonné bradel ....   3 fr.

   –Il reste encore quelques exemplaires de la 1re édition grand in-8°.
Prix : bradel, 5 fr.; riche reliure anglaise à biseaux, 8 fr.

ZOÉ LA VANITEUSE. 1 volume-album in-4° contenant
13 dessins en couleur. Relié, 5 fr.; cartonné bradel....   3 fr.

JEAN LE HARGNEUX, 1 volume-album in-4°, contenant
16 dessins en couleur. Richement relié, 5 fr.; cartonné
bradel..   3 fr.

LE PETIT FANFARON, 1 volume-album in-4°, contenant
8 grands dessins. Relié, 5 fr.; cartonné bradel........   3 fr.

BÉBÉ A LA MAISON. 1 volume-album contenant 24 dessins. Richement relié, 6 fr.; cartonné bradel........   4 fr.

BÉBÉ AUX BAINS DE MER. 1 volume-album contenant
21 dessins. Richement relié, 6 fr.; cartonné bradel....   4 fr.

VOYAGES DE DÉCOUVERTES DE MADEMOISELLE LILI. 1 volume-album in-4º, contenant 48 dessins. Richement relié, 8 fr.; cartonné bradel....................... 5 fr.

LE ROYAUME DES GOURMANDS. 1 volume-album in-4º, contenant 48 dessins en trois couleurs. Richement relié, 8 fr.; cartonné bradel....................... 5 fr.

L'ORAISON DOMINICALE, illustré par FRŒLICH. Album cartonné.. 18 fr.

FABLES DE LA FONTAINE, encadrées par FRŒLICH. Album broché... 5 fr.

FROMENT (EUGÈNE).

HISTOIRE D'UN PAIN ROND. 1 volume-album contenant 33 dessins. Richement relié, 5 fr.; cartonné bradel.... 3 fr.

GREENWOOD (JAMES).

AVENTURES SURPRENANTES DE TROIS VIEUX MARINS. 1 volume-album grand in-4º, dessins par GRISET. Richement relié, 9 fr.; cartonné bradel................. 6 fr.

MULLER (EUGÈNE).

LA JEUNESSE DES HOMMES CÉLÈBRES, illustrations par BAYARD. 1 vol. in-8º, cart., 8 fr.; relié. 10 fr.; broch. 6 fr.

NÉRAUD ET JEAN MACÉ.

BOTANIQUE DE MA FILLE, illustrations par LALLEMAND. 1 vol. in-8º, cart., 8 fr.; relié, 10 fr., broché.......... 6 fr.

RATISBONNE (LOUIS).

LA COMÉDIE ENFANTINE (premières et dernières scènes). LES DEUX VOL. RÉUNIS EN UN, IN-8º, AVEC TOUTES LES GRAVURES de la 1ʳᵉ édition, cart., 8 fr.; relié, 10 fr.; broché..... 6 fr.

Il reste encore des exemplaires du IIᵉ volume de la Comédie Enfantine. — Les personnes qui auraient déjà le premier volume pourraient encore se procurer le deuxième au prix de 6 fr. broché, et de 10 fr. relié.

VAILLY (LÉON DE) ET P.-J. STAHL.

CONTES CÉLÈBRES DE LA LITTÉRATURE ANGLAISE, illustrations par FATH. 1 vol. in-8º, relié, 10 fr.; cart., 8 fr.; broché... 6 fr.

BIBLIOTHÈQUE D'ÉDUCATION ET DE RÉCRÉATION

OUVRAGES NON ILLUSTRÉS

Volumes in-18.

BRACHET. — Grammaire historique de la langue française. Relié, 5 fr.; broché..................................... 3 fr.

CLÉMENT (Charles). — Michel-Ange, Raphaël, Léonard de Vinci. 2ᵉ édition. Relié, 5 fr.; broché................. 3 fr.

DURAND (Hippolyte).—Les grands Prosateurs. Relié, 5 fr.; br. 3 fr.
— Les grands Poëtes. Relié, 5 fr.; br... 3 fr.

HUGO Victor).—Les Enfants (le Livre des Mères). Relié, 5 fr. broché... 3 fr.

LEGOUVÉ (E.), de l'Académie française. — Les Pères et les Enfants au xixᵉ siècle. Relié, 5 fr.; broché........... 3 fr.

MAYNE REID. — Le Désert d'eau, illustré par Benet. Relié, 5 fr. 50; broché.................................... 3 50

ORDINAIRE (D.) professeur de l'Université. — Rhétorique nouvelle. Relié, 5 fr.; broché............. 3 fr.
— Dictionnaire de mythologie. Relié, 5 fr.; br. 3 fr.

SILVA (de). — Le Livre de Maurice. Relié, 5 fr.; broché... 3 fr.

SIMONIN (L.). — Histoire de la terre. Relié, 5 fr.; broché... 3 fr.

P.-J. STAHL. — La morale familière. 1 vol. Relié, 5 fr.; br. 3 fr.

VERNE (Jules). — Les Enfants du capitaine Grant.
1ʳᵉ partie. — L'Amérique du Sud. Rel., 5 fr. br. 3 fr.
2ᵉ — L'Australie. Rel., 5 fr.; br....... 3 fr.
3ᵉ — L'Océan Pacifique (sous presse).

ZURCHER et MARGOLLÉ. — Histoire de la navigation. Relié, 5 fr.; broché... 3 fr.

BIBLIOTHÈQUE VARIÉE

Volumes in-18 à 3 fr.

BIART (Lucien). — Le Bizco; une passion au Mexique......   1 v.
CARTERON. — Voyage en Algérie.........................   1 v.
DESCHANEL (Émile). — Le mal et le bien qu'on a dit des
    femme. (7e édition)...............................   1 v.
DOMENECH (l'abbé). — Voyages et aventures en Irlande.....   1 v.
DROZ (Gustave). — Entre nous. (10e édit.)................   1 v.
ERCKMANN-CHATRIAN. — La Guerre........................   1 v.
FAVRE (Jules), de l'Acad. française. — Discours du bâtonnat.
    (3e édit.).......................................   1 v.
FLAVIO. — Où mènent les chemins de traverse. (2e édition).   1 v.
GŒTHE (Louise). — Les Puritains de province............   1 v.
MALOT (Hector). — Les Amants. (4e édit.)... ....   1 v.
NAGRIEN. — Prodigieuse découverte.....................   1 v.
POUJARD'HIEU. — La Liberté et les intérêts matériels.......   1 v.
SIEBECKER. — Physiologie des chemins de fer............   1 v.
STAHL (P.-J.) — Les Bonnes fortunes parisiennes :
            Les amours d'un notaire. (2e édit.)......   1 v.
            Les amours d'un pierrot. (4e édit.) ......   1 v.
STEEL. — Haòma...................................   1 v.
TEXIER ET KAEMPFEN. — Paris capitale du monde. (3e édit.).   1 v.
W. DE LA RIVE. — Souvenirs sur M. de Cavour...........   1 v.
WORMS DE ROMILLY. — Horace.........................   1 v.

Volumes divers.

CARTERON. — Les premières chasses.....................   1 50
GENTY (Alcide). — La suite de Don Juan.................   1 »
GUIMET (Émile). — Croquis égyptiens...................   3 50
MICKIEWITZ (Adam). — Histoire populaire de la Pologne...   5 »
MERSON (Olivier). — Ingres, sa vie et ses œuvres, avec sa
    photographie. In-32............................   1 50
SACRÉ ET OUTREBON. — L'Égypte et Ismaïl-Pacha. In-8°...   6 »

ROMANS

COLLECTION HETZEL-LACROIX
Volumes in-18 à 3 fr.

ERCKMANN-CHATRIAN. — Contes populaires...............   1 v.
    —   Le Blocus ....   1 v.
WILKIE COLLINS. — Armadale........................   2 v.

EN PRÉPARATION :

BIART (Lucien). — Aventures d'un jeune naturaliste, 1 vol.

ÉLISÉE RECLUS. — Histoire d'un ruisseau, 1 vol.

FLAMMARION (Camille). — Histoire du ciel, 1 vol.

FOUCOU. — Histoire du Travail, 1 vol.

     —   Les Glaciers de Tyndall, 2 vol.

GASTON PARIS. — Histoire de la langue française, 1 vol.

GRIMARD. — Histoire de la vie végétale, 1 vol.

GRISET (Ernest). — Aventures de la vie sauvage, 1 vol.

LE COMTE. — L'art de converser et d'écrire chez les femmes, 1 v.

ORDINAIRE. — Histoire de la littérature française, 1 vol.

P....... — Capharnaüm, 1 vol. in-8°.

SOUVIRON. — Petit Dictionnaire de la science, 1 vol.

VAN BRUYSSEL. — Les Clients d'un vieux poirier, 1 vol.

W. HUGUES. — Confidences d'une pensionnaire.

WOOD. — Aventures d'un griffon.

DE WAILLY ET STAHL. — Les Enfants en Amérique.

Ne font plus partie du catalogue précédent :

Œuvres d'ANTONIN ROCHE.

     —   de JULIETTE LAMBER.

Niobé, par Jean LAROQUE.

Humanité souffrante, par DUROCHÉ.

Musée poétique, par Mme PERRIÈRE-PILTÉ.

Singularités humoristiques et religieuses en Angleterre, par NORTH
    PEATH.

PARIS. — J. CLAYE, IMPRIMEUR, RUE SAINT-BENOIT, 7.